GREAT PUZZLES
FROM
THE
BIBLE

INCLUDING CROSSWORDS, WORD SEARCH, TRIVIA, AND MORE

TIMOTHY E. PARKER

HOWARD BOOKS
A DIVISION OF SIMON & SCHUSTER, INC.
New York · Nashville · London · Toronto · Sydney

Howard Books
A Division of Simon & Schuster, Inc.
1230 Avenue of the Americas
New York, NY 10020

First Howard Books trade paperback edition April 2011

HOWARD and colophon are trademarks of Simon & Schuster, Inc.

For information about special discounts for bulk purchases, please
contact Simon & Schuster Special Sales at 1-866-506-1949 or
business@simonandschuster.com

The Simon & Schuster Speakers Bureau can bring authors to your
live event. For more information or to book an event, contact the
Simon & Schuster Speakers Bureau at 1-866-248-3049 or visit our
website at www.simonspeakers.com.

Designed by Jacquelynne Hudson

Manufactured in the United States of America

10 9 8 7 6 5 4 3 2 1

ISBN 978-1-4391-9226-9

Part One
TRIVIA

Introduction to Trivia

This first part features trivia questions specifically crafted to enhance retention. You will notice that several questions may feature the same subject. This is intentional. Do your best in selecting the correct answer from the four possible responses, and take your time. It's not a race. In fact, the more time you take in answering each question, the better for your learning and retention. Check out page 69 for the study helps for trivia questions. Some of the questions will be carefully selected to be repeated later for when you're put to the test for your "crown." (See scoring instructions below for how many points you need in order to earn each crown.)

Have fun!

How to Score

Add the total scores from all five units and you'll have your final trivia score from all twenty-five sets of trivia. Based on your total score, receive your crown!

Total score = 0–50: You are hereby crowned "Sunday-school dropout"—Beginner level.

Total score = 51–100: You are hereby crowned "Beginner Sunday-school graduate"—Beginner level.

Total score = 101–150: You are hereby crowned "Biblically knowledgeable"—Beginner level.

Total score = 151–200: You are hereby crowned "Bible trivia master"—Beginner level.

Total score = 201–225: You are hereby crowned "Bible scholar of the highest order"—Beginner level.

Total score = 226–250: You are hereby crowned "Honorary doctor of Bible knowledge"—Beginner level.

Our finest, brightest scientists have no idea how many stars twinkle in God's vast sky. Estimates range from 100 billion to the unfathomable 10 to the 21st power, or 1,000,000,000,000,000,000,000. The total number of grains of sand on the earth's shores is estimated to be a mind-boggling 10 to the 25th power. At some point in time, it seems inevitable that the estimates of the number of stars and number of grains of sands will match. Considering that the book of Genesis was written over 3,000 years ago, it is logical to deduce that it would be impossible for men and women of yore to have any knowledge of the vast number of stars unless inspired by God. This miraculous accuracy gives us confidence that God has knowledge far beyond human knowledge. And despite the similarities the stars share when looking into the night sky, the Bible was bold enough to point out that each star is unique, something a person would not have been able to establish over 3,000 years ago, but something easily confirmed today. First Corinthians 15:41 reads, "There is one glory of the sun, and another glory of the moon, and another glory of the stars; for one star differeth from another star in glory."

SCORECARD — Trivia Sets

	CORRECT
Set 1	
Set 2	
Set 3	
Set 4	
Set 5	
Total	

	CORRECT
Set 11	
Set 12	
Set 13	
Set 14	
Set 15	
Total	

	CORRECT
Set 6	
Set 7	
Set 8	
Set 9	
Set 10	
Total	

	CORRECT
Set 16	
Set 17	
Set 18	
Set 19	
Set 20	
Total	

	CORRECT
Set 21	
Set 22	
Set 23	
Set 24	
Set 25	
Total	

SET 1

1. What was it that Moses saw burning?
   - A. A bush
   - B. A ram
   - C. A great mountain
   - D. Wheat and barley

2. What did God use to destroy the city of Sodom?
   - A. Rain
   - B. Fire
   - C. Storm
   - D. Plagues

3. What happened on Mount Sinai?
   - A. The Lord descended with fire.
   - B. The Lord spoke to Abraham.
   - C. The Lord burned all the bushes present.
   - D. The Lord descended with water to extinguish a brush fire.

4. Whose sheep and servants were destroyed by the fire of God?
   - A. Elijah
   - B. Elisha
   - C. Samuel
   - D. Job

5. Who was told, "Take off your sandals, for the place where you are standing is holy ground"?
    A. Aaron
    B. Moses
    C. Miriam
    D. Joshua

6. Who was told, "Before I formed you in the womb I knew you, before you were born I set you apart"?
    A. Isaiah
    B. Jeremiah
    C. Jonah
    D. Joshua

7. Who was asked, "Whom shall I send? And who will go for us?"
    A. Isaiah
    B. Jeremiah
    C. Jonah
    D. Joshua

8. Who was told, "Two nations are in your womb, and two peoples from within you will be separated"?
    A. Rachel
    B. Rahab
    C. Rebekah
    D. Rhoda

9. Who was told, "I will make your offspring like the dust of the earth, so that if anyone could count the dust, then your offspring could be counted"?
   A. David
   B. Solomon
   C. Job
   D. Abram

10. Who was told, "I will have mercy on whom I will have mercy, and I will have compassion on whom I will have compassion"?
   A. Moses
   B. Joshua
   C. Aaron
   D. Jacob

Set 1 Answers

1—A	2—B	3—A	4—D	5—B
6—B	7—A	8—C	9—D	10—A

Please record your total correct answers from this trivia set on the scorecard on page 5.

SET 2

1. How many men did Nebuchadnezzar see walking in the fiery furnace?
   B. 2
   A. 3
   C. 4
   D. 5

2. What was the token of the covenant God made with mankind after the great Flood?

    A. Clouds

    B. Stars

    C. Moon

    D. Rainbow

3. Who was the first person to find grace in the eyes of the Lord?

    A. Abram

    B. Job

    C. Noah

    D. Jacob

4. What prophet was extremely hairy and wore a leather belt?

    A. Elisha

    B. Elijah

    C. John the Baptist

    D. Jeremiah

5. King David had which man killed so he could have his wife?

    A. Saul

    B. Jonathan

    C. Uriah

    D. Samuel

6. Which man owned a multicolored coat?

    A. Jesus

    B. Joseph

    C. Joshua

    D. Jeremiah

7. The Ten Commandments can be found in which book of the Bible?
    A. Genesis
    B. Exodus
    C. Leviticus
    D. Numbers

8. Who was stoned to death for preaching the gospel of Jesus Christ?
    A. Paul
    B. Peter
    C. Stephen
    D. Matthew

9. Which two men spied out the land of Canaan and gave a good report?
    A. Joshua and Caleb
    B. Moses and Aaron
    C. Elisha and Elijah
    D. Jacob and Esau

10. The land of Canaan flowed with what?
    A. Wheat and barley
    B. Streams and rivers
    C. Milk and honey
    D. Apples and figs

SET 2 ANSWERS

1—C   2—D   3—C   4—B   5—C
6—B   7—B   8—C   9—A   10—C

Please record your total correct answers from this trivia set on the scorecard on page 5.

SET 3

1. How many hours did Jesus hang on the cross?
   A. 4
   B. 5
   C. 6
   D. 10

2. God changed which man's name to Israel?
   A. Abraham
   B. Lot
   C. Moses
   D. Jacob

3. Sea creatures and fowl were created on which day?
   A. The first day
   B. The second day
   C. The fourth day
   D. The fifth day

4. Who slept in the land called Nod?
   A. Cain
   B. Abel
   C. Adam
   D. Abram

5. Which of David's wives was described as "very beautiful to look upon"?
   A. Michal
   B. Abigail
   C. Bathsheba
   D. Anna

6. Who died giving birth to Benjamin?
   A. Rachel
   B. Rebekah
   C. Rahab
   D. Hannah

7. Who criticized her famous brother for being married to an Ethiopian woman?
   A. Rahab
   B. Miriam
   C. Deborah
   D. Ruth

8. Which wicked woman, the wife of a wicked king, brought about the death of John the Baptist?
   A. Herodias
   B. Haggith
   C. Helah
   D. Hodesh

9. Who pouted when her strongman lover kept fooling her about the source of his strength?
   A. Dinah
   B. Diane
   C. Delilah
   D. Deborah

10. Which Bible character was called to build an ark?
> A. Jonah
> B. Esau
> C. Noah
> D. Abraham

SET 4

1. Who was called to leave his home for a strange land?
> A. Jonah
> B. Esau
> C. Noah
> D. Abraham

2. Which son was called to stay in Palestine and carry on in his father's faith?
> A. Jonah
> B. Isaac
> C. Abraham
> D. Esau

3. Which man of God was called to exercise spiritual authority over his brothers?
    A. Esau
    B. Jacob
    C. Joseph
    D. Isaac

4. Which man of God freed the Israelites from Egyptian bondage?
    A. Joshua
    B. Moses
    C. Caleb
    D. Aaron

5. What prophet raised a widow's son from the dead?
    A. Jonah
    B. Daniel
    C. Elijah
    D. Elisha

6. Who was called to teach the Word of God to the Hebrews returning to Jerusalem from Babylon?
    A. Nehemiah
    B. Daniel
    C. Ezra
    D. Obadiah

7. Who was chosen as queen to save her people from extermination by the Persians?
    A. Esther
    B. Vashti
    C. Deborah
    D. Ruth

8. Which man of God supervised the rebuilding of the wall around Jerusalem?
   A. Obadiah
   B. Nehemiah
   C. Jeremiah
   D. Ezra

9. Which man of God was called the prophet to the nations?
   A. Isaiah
   B. Jeremiah
   C. Nehemiah
   D. Ezra

10. Who was the first church missionary-evangelist-pastor?
   A. Stephen
   B. Paul
   C. Simon
   D. Simeon

SET 4 ANSWERS

1—D 2—B 3—C 4—B 5—C
6—C 7—A 8—B 9—B 10—B

Please record your total correct answers from this trivia set on the scorecard on page 5.

I have known ninety-five great men of the world in my time, and of these, eighty-seven were followers of the Bible.
—William Ewart Gladstone, four-time British prime minister

SET 5

1. Which man of God was called to help Paul and later pastor a church?
    A. Silas
    B. Barnabas
    C. Timothy
    D. Jude

2. Of the following men, who was called to be an evangelist and pastor?
    A. Jude
    B. Silas
    C. Philip
    D. Apollos

3. Which New Testament woman was married to a priest named Zacharias?
    A. Elizabeth
    B. Mary
    C. Eunice
    D. Priscilla

4. To which woman did Jesus declare, "I am the resurrection and the life"?
    A. Mary
    B. Martha
    C. The woman at the well
    D. Matred

5. Who sat at Jesus' feet while her sister kept house?
     A. Mary
     B. Matred
     C. Jezebel
     D. Martha

6. Which two women witnessed Jesus' tears over their dead brother?
     A. Elizabeth and Mary
     B. Eunice and Euodias
     C. Mary and Martha
     D. Rhoda and Mary

7. Which disciple's mother-in-law was healed of a fever by Jesus?
     A. Mark
     B. Peter
     C. Luke
     D. Timothy

8. Which of Jacob's wives was the first to bear children?
     A. Leah
     B. Rachel
     C. Rebekah
     D. Rahab

9. How many people were baptized on the day of Pentecost?
     A. 1,000
     B. 2,000
     C. 3,000
     D. 4,000

10. Which gospel book opens with John the Baptist preaching in the desert?
>   A. Matthew
>   B. Mark
>   C. Luke
>   D. John

SET 5 ANSWERS

1—C   2—D   3—A   4—B   5—A
6—C   7—B   8—A   9—C   10—B

Please record your total correct answers from this trivia set on the scorecard on page 5.

SET 6

1. In which gospel book does John try to dissuade Jesus from being baptized?
>   A. Matthew
>   B. Mark
>   C. Luke
>   D. John

2. Who was the first of the twelve apostles to be martyred?
>   A. James
>   B. John
>   C. Matthew
>   D. Peter

3. Who succeeded Judas Iscariot as an apostle?
    A. Jude
    B. Timothy
    C. Matthias
    D. Joseph

4. Which apostle was a tax collector from Capernaum?
    A. Matthew
    B. Matthias
    C. Mattathah
    D. Matthan

5. Which apostle was crucified upside down in Rome?
    A. Peter
    B. John
    C. Thomas
    D. James

6. Of the twelve apostles, which one was not from Galilee?
    A. Matthew
    B. Judas
    C. Peter
    D. John

7. Of all the apostles, which one died a natural death?
    A. John
    B. Matthew
    C. James
    D. Paul

8. How many people were saved in Noah's ark?
   A. 5
   B. 6
   C. 7
   D. 8

9. What was the name of the angel who told Mary she would be the mother of Jesus?
   A. Michael
   B. Gabriel
   C. John
   D. Joelah

10. The ark was constructed with how many levels?
   A. 2
   B. 3
   C. 4
   D. 5

SET 6 ANSWERS

| 1—A | 2—A | 3—C | 4—A | 5—A |
| 6—B | 7—A | 8—D | 9—B | 10—B |

Please record your total correct answers from this trivia set on the scorecard on page 5.

SET 7

1. Who foretold the seven good years and the seven lean years?
   - A. Joseph
   - B. Paul
   - C. Daniel
   - D. John

2. What was the name of the couple who died because they lied to the Holy Spirit?
   - A. Aquila and Priscilla
   - B. Boaz and Ruth
   - C. Ananias and Sapphira
   - D. Abraham and Sarah

3. Which queen traveled from a far country to witness the wisdom of King Solomon?
   - A. Queen Esther
   - B. Queen Vashti
   - C. Queen of Sheba
   - D. Queen Jezebel

4. Who wore clothes made of camel's hair?
   - A. John the Baptist
   - B. Apostle Paul
   - C. Peter
   - D. Jesus

5. Who said, "Cut the living child in two and give half to one and half to the other"?
    A. King David
    B. King Josiah
    C. King Solomon
    D. King Saul

6. Who was released from prison by an angel?
    A. Peter
    B. John
    C. Paul
    D. Silas

7. How many years was Noah given to build the ark?
    A. 12
    B. 120
    C. 24
    D. 240

8. Paul was from which tribe?
    A. Tribe of Judah
    B. Tribe of Reuben
    C. Tribe of Benjamin
    D. Tribe of Simeon

9. What happened when Paul visited the church in Galatia?
    A. He was stoned
    B. He was shipwrecked
    C. He was hungry
    D. He got sick

10. Who did Paul leave behind in Crete?
     A. Silas
     B. Titus
     C. Luke
     D. Timothy

SET 7 ANSWERS

1—A   2—C   3—C   4—A   5—C
6—A   7—B   8—C   9—D   10—B

Please record your total correct answers from this trivia set on the scorecard on page 5.

SET 8

1. Although Paul wrote the book of Thessalonians, which two men are mentioned in the opening lines?
     A. Silas and Timothy
     B. Barnabas and Titus
     C. Titus and Silas
     D. Timothy and Titus

2. How many times did Noah send out a dove in an attempt to find land?
     A. 1
     B. 2
     C. 3
     D. 4

3. Which one of Pharaoh's staff was hung because of theft?
   - A. The cook
   - B. The chief baker
   - C. The cup bearer
   - D. The musician

4. What was not in Solomon's house because it was considered to be of little value?
   - A. Brass
   - B. Garnet
   - C. Silver
   - D. Pearls

5. What did Solomon do when he got older?
   - A. Divorced his seven hundred wives
   - B. Became closer to the Lord
   - C. Started worshipping false gods
   - D. Enjoyed fasting and praying more

6. How many times was Paul stoned?
   - A. once
   - B. twice
   - C. three times
   - D. none

7. Who believed in the resurrection of the angels?
   - A. Saducees
   - B. Pharisees
   - C. Jews
   - D. Romans

8. Who was Solomon's son?
   A. Rehoboam
   B. Rehob
   C. Regem-Melech
   D. Rehabiah

9. Who is preparing heaven for all the saints?
   A. Jesus Christ
   B. Angels
   C. The prophets of old
   D. Everyone

10. Who is heaven designed for?
    A. The angels
    B. The devil
    C. Born-again believers
    D. Everyone

SET 8 ANSWERS

1—A   2—C   3—B   4—C   5—C
6—A   7—B   8—A   9—A   10—C

Please record your total correct answers from this trivia set on the scorecard on page 5.

SET 9

1. How is heaven described?
   A. Sunny and bright
   B. The same as earth
   C. A glorious city
   D. None of the above

2. What is the name of the city of God?
   A. New Jerusalem
   B. The Golden City
   C. The city of Gold
   D. New Hope City

3. The river of life ensures . . .
   A. Everlasting life
   B. Joy
   C. Peace
   D. Happiness

4. What is the main street of New Jerusalem composed of?
   A. Clear glass
   B. Silver
   C. Pearls
   D. Pure gold

5. In heaven, there will be no more . . .
   A. Night
   B. Sin
   C. Sickness
   D. All of the above

6. Who said, "After I am worn out and my master is old, will I now have this pleasure?"
    A. Sarah
    B. Hannah
    C. Rachel
    D. Jochebed

7. Who said, "Look, your sister-in-law is going back to her people and her gods. Go back with her"?
    A. Ruth
    B. Naomi
    C. Orpah
    D. Rachel

8. Who said, "The joy of the Lord is your strength"?
    A. David
    B. Nehemiah
    C. Jeremiah
    D. Obadiah

9. Who said, "Don't be afraid, for I will surely show you kindness for the sake of your father Jonathan"?
    A. David
    B. Saul
    C. Joseph
    D. Jacob

10. Who said, "Naked I came from my mother's womb, and naked I will depart"?

        A. Job

        B. Jonah

        C. John

        D. Jude

SET 9 ANSWERS

1—C	2—A	3—A	4—D	5—D
6—A	7—B	8—B	9—A	10—A

Please record your total correct answers from this trivia set on the scorecard on page 5.

SET 10

1. What does the name Emmanuel mean?

        A. God is good

        B. God is with us

        C. God is alive

        D. God is love

2. Which king wanted to kill baby Jesus?

        A. Pharaoh

        B. Azar

        C. Herod

        D. Xerxes

3. Who said, "Behold, Lord, the half of my goods I give to the poor"?
        A. Peter
        B. Zacchaeus
        C. Mary
        D. Joseph

4. Who owned a coat that was once dipped in blood?
        A. John
        B. James
        C. Jude
        D. Joseph

5. What is the New Testament word for "teacher"?
        A. Tutor
        B. Instructor
        C. Rabbi
        D. Trainer

6. Who carried the cross of Jesus?
        A. Simon of Cyrene
        B. Simon Peter
        C. Simon the sorcerer
        D. Simon the Leper

7. According to Proverbs, the tongue of the wise brings what?
        A. Power
        B. Happiness
        C. Health
        D. Love

8. The majority of the book of 1 Chronicles discusses which person?
     A. Saul
     B. Jonathan
     C. David
     D. Goliath

9. What does the Bible say cannot be bought for any price?
     A. Peace
     B. Love
     C. Joy
     D. Strength

10. Which is the shortest verse in the Holy Bible?
     A. 1 John 1:35
     B. Luke 11:35
     C. John 11:35
     D. 1 Chronicles 1:25

SET 10 ANSWERS

1—B   2—C   3—B   4—D   5—C
6—A   7—C   8—C   9—B   10—C

Please record your total correct answers from this trivia set on the scorecard on page 5.

SET 11

1. Who killed sixty-nine of his brothers?
   - A. Gideon
   - B. Abimelech
   - C. Joshua
   - D. Absalom

2. Who had hair like eagle feathers and nails like bird claws?
   - A. Noah
   - B. Adam
   - C. Melchishua
   - D. Nebuchadnezzar

3. Where were the disciples first called "Christians"?
   - A. Acre
   - B. Arad
   - C. Antioch
   - D. Alexandria

4. From where did Jesus mount a donkey and ride into Jerusalem?
   - A. Beth-peor
   - B. Bethphage
   - C. Bethsaida
   - D. Bethlehem

5. Abraham wept over the body of his beloved wife Sarah, who died at age . . .

    A. 89

    B. 100

    C. 105

    D. 127

6. How old was Abraham when he died?

    A. 100

    B. 110

    C. 127

    D. 175

7. What was the name of Jacob's nurse, whom he buried under an old oak tree?

    A. Leah

    B. Rachel

    C. Deborah

    D. Sarah

8. Who was buried with his brothers and father in Shechem?

    A. Job

    B. Jacob

    C. Joseph

    D. Japheth

9. Which two brothers buried their father next to Abraham?

    A. Joseph and Simeon

    B. Reuben and Dan

    C. Esau and Jacob

    D. Isaac and Ishmael

10. Who buried Moses?
    A. Joshua
    B. Aaron
    C. God
    D. Caleb

SET 11 ANSWERS

1—B	2—D	3—C	4—B	5—D
6—D	7—C	8—C	9—C	10—C

Please record your total correct answers from this trivia set on the scorecard on page 5.

> If we abide by the principles taught in the Bible, our country will go on prospering; but if we and our posterity neglect its instructions and authority, no man can tell how sudden a catastrophe may overwhelm us and bury all our glory in profound obscurity.
> — Daniel Webster, leading American statesman during the nation's antebellum period and the 14th U.S. Secretary of State

SET 12

1. Who was the first high priest of Israel buried by Moses and Eleazar?
    A. Aaron
    B. Phinehas
    C. Eli
    D. Joshua

2. Who gave Moses his name?
    A. Amram
    B. Jochebed
    C. Aaron
    D. Pharaoh's daughter

3. What was the name of Ruth's first husband?
    A. Boaz
    B. Magog
    C. Mahlon
    D. Bela

4. How many times was Paul shipwrecked and beaten?
    A. 3 and 5
    B. 2 and 4
    C. 1 and 2
    D. 7 and 7

5. How many years did it take Solomon to build his palace?
    A. 3
    B. 5
    C. 13
    D. 25

6. Who was told, "Take off your sandals, for the place where you are standing is holy ground"?
   A. Aaron
   B. Moses
   C. Miriam
   D. Joshua

7. Who was told, "Before I formed you in the womb I knew you, before you were born I set you apart"?
   A. Isaiah
   B. Jeremiah
   C. Jonah
   D. Joshua

8. Who was told, "Two nations are in your womb, and two peoples from within you will be separated"?
   A. Rachel
   B. Rahab
   C. Rebekah
   D. Rhoda

9. Who was told, "There is no one on earth like him; he is blameless and upright, a man who fears God and shuns evil"?
   A. Adam about Abel
   B. Mary about Jesus
   C. Satan about Job
   D. Joseph about Isaac

10. Who said, "I shall now perish one day by the hand of Saul"?

      A. Samuel

      B. Solomon

      C. Job

      D. David

SET 12 ANSWERS

1—A   2—D   3—C   4—A   5—C

6—B   7—B   8—C   9—C   10—D

Please record your total correct answers from this trivia set on the scorecard on page 5.

SET 13

1. How many pairs of every clean animal were on the ark?

      A. 2

      B. 7

      C. 9

      D. 10

2. Who had to work for years before marrying Laban's daughter?

      A. Jacob

      B. Samuel

      C. David

      D. Abraham

3. How many years of work were required for the hand of Laban's daughter?

    A. 2

    B. 5

    C. 7

    D. 10

4. Who marched around Jericho seven times on the seventh day, with seven priests blowing seven trumpets?

    A. Samuel

    B. David

    C. Joshua

    D. Joel

5. Who predicted seven years of abundance and seven years of famine in Egypt?

    A. Pharaoh

    B. Potiphar

    C. Joseph

    D. Jacob

6. How many days did the Passover last?

    A. 7

    B. 8

    C. 9

    D. 10

7. Who killed three thousand people while at a feast, although he himself was blind?

    A. Solomon

    B. Samson

    C. Shechem

    D. Simon

8. What Jewish man called himself greater than King Solomon?

        A. Matthias

        B. Matthew

        C. Jesus

        D. John

9. What group of people tired of eating manna that was miraculously given to them?

        A. The nation of Moab

        B. The nation of Israel

        C. The nation of Spain

        D. The nation of Germany

10. Who, while starving, was miraculously fed by birds?

        A. Jonathan

        B. Moses

        C. Elijah

        D. Elisha

SET 13 ANSWERS

1—B	2—A	3—C	4—C	5—C
6—A	7—B	8—C	9—B	10—C

Please record your total correct answers from this trivia set on the scorecard on page 5.

SET 14

1. Noah's ark came to rest on Mount . . .
   A. Nebo
   B. Moriah
   C. Horeb
   D. Ararat

2. What group of people once awoke to find frogs on their beds?
   A. The Israelites
   B. The Egyptians
   C. The Moabites
   D. The Judeans

3. How old was Methuselah when he died?
   A. 199
   B. 399
   C. 969
   D. 769

4. Who fell asleep during a sermon and "died" as a result?
   A. Eugene
   B. Eubulus
   C. Ezbai
   D. Eutychus

5. Who said, "I have sinned against the Lord"?
   A. Samson
   B. David
   C. Job
   D. Jonah

6. Who said, "But as for me and my house, we will serve the Lord"?
   A. Jonah
   B. Jason
   C. Jesus
   D. Joshua

7. Who said, "I have sinned for I have betrayed innocent blood"?
   A. Pilate
   B. Felix
   C. Judas
   D. Peter

8. Who said, "Give me wisdom and knowledge, that I may lead this people"?
   A. David
   B. Solomon
   C. Samuel
   D. Saul

9. Who asked, "Am I a dog, that you come at me with sticks?"
   A. Elijah
   B. Elisha
   C. Goliath
   D. David

10. How many years were the Israelites in Egypt?
     A. 40 years
     B. 65 years
     C. 200 years
     D. 430 years

Please record your total correct answers from this trivia set on the scorecard on page 5.

SET 15

1. How many men in the Bible had the name Judas?
     A. 1
     B. 3
     C. 6
     D. 21

2. What prophet notably prayed three times a day?
     A. Elijah
     B. Elisha
     C. Daniel
     D. Jonah

3. How much older was John the Baptist than Jesus?
   A. Six months
   B. Three months
   C. Two months
   D. Seven months

4. Who dreamed about a tree that reached all the way to heaven?
   A. Daniel
   B. Joseph
   C. Nebuchadnezzar
   D. Elijah

5. What did Noah's released bird bring back to the ark?
   A. An almond flower
   B. A palm
   C. An olive leaf
   D. A fig leaf

6. What plant did the Israelites use to smear blood on their door frames?
   A. A palm leaf
   B. A hyssop leaf
   C. A fig leaf
   D. An almond flower

7. From which mountain did Moses see the Promised Land before he died?
   A. Horeb
   B. Nebo
   C. Moriah
   D. Hor

8. Who was released from prison by an angel?
   A. Peter
   B. John
   C. Paul
   D. Silas

9. How many years did God give Noah to build the ark?
   A. 12
   B. 120
   C. 24
   D. 240

10. What did God change Abram's name to?
   A. Israel
   B. Abimelech
   C. Abraham
   D. Aaron

SET 15 ANSWERS

| 1—C | 2—C | 3—A | 4—C | 5—C |
| 6—B | 7—B | 8—A | 9—B | 10—C |

Please record your total correct answers from this trivia set on the scorecard on page 5.

SET 16

1. Who is credited in the Bible with building the first city?
    A. Adam
    B. Abel
    C. Cain
    D. Nimrod

2. Who was the first person to murder someone in the Bible?
    A. Adam
    B. Eve
    C. Cain
    D. Abel

3. Who was the first disciple chosen by Jesus?
    A. Matthew
    B. Luke
    C. John
    D. Simon Peter

4. Which biblical character planted the first vineyard?
    A. Adam
    B. Eve
    C. Lot
    D. Noah

5. Which shepherd boy was anointed king by Samuel in front of his brothers?
    A. Joseph
    B. David
    C. Josiah
    D. Joash

6. Eve was the first woman mentioned in the Bible. Who was the second?
   A. Sarah
   B. Lot's wife
   C. Cain's wife
   D. Hagar

7. The first talking animal in the Bible is the serpent in the Garden of Eden. What is second?
   A. Balaam's donkey
   B. David's horse
   C. The lions in the lions' den
   D. Samuel's donkey

8. Who was Paul's next traveling partner after Barnabas?
   A. Timothy
   B. Peter
   C. Silas
   D. John

9. What did God name his human creation?
   A. Eden
   B. Adam
   C. Eve
   D. The Garden

10. God changed Jacob's name to . . .
   A. Israel
   B. Judah
   C. Benjamin
   D. Peter

Please record your total correct answers from this trivia set on the scorecard on page 5.

SET 17

1. Who told the name of the Messiah to Joseph?
   A. Mary
   B. An angel
   C. The three wise men
   D. The shepherds

2. What did Jesus change Simon's name to?
   A. John
   B. Peter
   C. Paul
   D. James

3. Who instructed Mary to name her son Jesus?
   A. The angel Gabriel
   B. The angel Michael
   C. Joseph
   D. John the Baptist

4. Who presented gifts to Jesus soon after his birth?
   A. The Pharaoh
   B. The Scribes
   C. The Magi
   D. The tax collectors

5. Who said to Mary, "Blessed are you among women"?
   A. Angel Michael
   B. Angel Gabriel
   C. Elizabeth
   D. Zacharias

6. Who prophesied, "Behold, a virgin shall conceive, and bear a son"?
   A. Jeremiah
   B. Daniel
   C. Job
   D. Isaiah

7. Who asked, "Am I my brother's keeper?"
   A. Joseph
   B. Jacob
   C. Cain
   D. Esau

8. Who remarked, "When I come to the children of Israel, . . . what shall I say to them?"
   A. Aaron
   B. Jacob
   C. Moses
   D. Abraham

9. Who asked God, "Why is it You have sent me?"
   A. Moses
   B. Joshua
   C. Matthew
   D. Joseph

10. Who does the Bible call the "voice of one crying in the wilderness"?
    A. Jesus
    B. Moses
    C. John the Baptist
    D. Aaron

SET 17 ANSWERS

1—B	2—B	3—A	4—C	5—C
6—D	7—C	8—C	9—A	10—C

Please record your total correct answers from this trivia set on the scorecard on page 5.

SET 18

1. Which blind father recognized Jacob's voice but was deceived by his hands and arms?
    A. Esau
    B. Joseph
    C. Abraham
    D. Isaac

2. Where was Moses when God spoke to him in a voice like thunder?
    A. Mount Olivet
    B. Mount Zion
    C. Mount Sinai
    D. Mount Carmel

3. Which Gospel book mentions the voice of Rachel weeping for her children?
    A. John
    B. Luke
    C. Matthew
    D. Mark

4. Who asked, "Is that your voice, David, my son?"
    A. Jesse
    B. Solomon
    C. Saul
    D. Pharaoh

5. In the book of Genesis, who built the first city?

    A. Adam

    B. Abel

    C. Noah

    D. Cain

6. Which is the first book of the Bible named after a woman?

    A. Micah

    B. Esther

    C. Sarah

    D. Ruth

7. Who was the first king of Israel?

    A. Adam

    B. Pharaoh

    C. Saul

    D. David

8. Who is the first hunter mentioned in the Bible?

    A. Nimrod

    B. Abel

    C. Cain

    D. Lamech

9. Which king embarrassed his wife by dancing in the streets?

    A. David

    B. Solomon

    C. Pharaoh

    D. Saul

10. A hundred and twenty priests played which instruments at the dedication of Solomon's temple?
    A. Trumpets
    B. Harps
    C. Horns
    D. Cymbals

SET 19

1. Who was the first farmer?
    A. Abel
    B. Cain
    C. Noah
    D. Shem

2. Who was the first disciple chosen by Jesus?
    A. Simon Peter
    B. Matthew
    C. James
    D. John

3. Who was the first judge of Israel?
   A. Deborah
   B. Moses
   C. Ruth
   D. Aaron

4. Who was the first person in the Bible mentioned to have constructed an altar?
   A. Noah
   B. Solomon
   C. Abraham
   D. Abel

5. Who experienced a great earthquake while in prison?
   A. The butler and the baker
   B. Paul and Silas
   C. Peter
   D. John the Baptist

6. Who was imprisoned after being accused of trying to seduce Potiphar's wife?
   A. Joseph
   B. Saul
   C. David
   D. Absalom

7. Which man was imprisoned for criticizing King Herod's marriage to Herodias?
   A. Joseph
   B. James
   C. David
   D. John the Baptist

8. Whose brothers were imprisoned after being falsely accused of being spies in Egypt?
    A. Jacob's
    B. David's
    C. Samson's
    D. Joseph's

9. Who was miraculously delivered while sleeping between two soldiers?
    A. Peter
    B. John
    C. Paul
    D. Appolos

10. Who was the captain of the palace guard that Joseph served?
    A. Caiaphas
    B. Archippus
    C. Potiphar
    D. Annas

Please record your total correct answers from this trivia set on the scorecard on page 5.

SET 20

1. What city was Jesus in when a Roman officer asked him to heal a servant?
    A. Capernaum
    B. Bethany
    C. Damascus
    D. Bethel

2. How many times did Moses strike the rock at Kadesh to cause it to bring forth water?
    A. 1
    B. 2
    C. 3
    D. 6

3. What was Matthew's original name?
    A. James
    B. Simon
    C. Levi
    D. John

4. Who did the preaching at Pentecost?
    A. Paul
    B. Peter
    C. Barnabas
    D. Philip

5. Who came forth when Jesus called to him in a loud voice?
   A. John Mark
   B. John the Baptist
   C. Mary
   D. Lazarus

6. Sarai's name was changed to . . .
   A. Rachel
   B. Miriam
   C. Sarah
   D. Elisheba

7. What was the name of David's first wife?
   A. Tamar
   B. Michal
   C. Abigail
   D. Abishag

8. Who slept during a raging storm on the Sea of Galilee?
   A. Paul
   B. Timothy
   C. Jesus
   D. Jonah

9. Who crafted a false idol, a golden calf?
   A. Gilead
   B. Demetrius
   C. Moses
   D. Aaron

10. Which king requested miracles from Jesus after his arrest?
    A. Hiram
    B. Herod
    C. Agag
    D. Ahab

SET 20 ANSWERS

1—A	2—B	3—C	4—B	5—D
6—C	7—B	8—C	9—D	10—B

Please record your total correct answers from this trivia set on the scorecard on page 5.

SET 21

1. Which long-haired man was jailed as a political enemy of the Philistines?
    A. Samson
    B. Simeon
    C. Daniel
    D. Barabbas

2. Who was told to name his second son by Bathsheba, Solomon?
    A. Judah
    B. Daniel
    C. David
    D. John

3. Who gave Joshua a positive report about the land of Canaan?
   A. Uriah
   B. Cornelius
   C. Lot
   D. Caleb

4. What soldier was put on the front lines of battle so David could take his wife?
   A. Caleb
   B. Abram
   C. Uriah
   D. Joshua

5. Which is the only Gospel to mention the piercing of Jesus' body with a spear?
   A. Matthew
   B. Luke
   C. Mark
   D. John

6. What Roman soldier was led to Christ by Peter?
   A. Uriah
   B. Claudius
   C. Cornelius
   D. Josiah

7. What heavenly food did God deliver to the Israelites in the desert?
   A. Manna
   B. Pudding
   C. Baked bread
   D. Bagels

8. What Roman soldier treated Paul kindly on his voyage to Rome?
- A. Cornelius
- B. Julius
- C. Jehu
- D. Simon

9. God appeared to Moses on Mount Sinai in the form of a burning:
- A. Ram
- B. Bird
- C. Bush
- D. Tree

10. Which disciple professed not to know Jesus?
- A. John
- B. Paul
- C. Peter
- D. James

SET 21 ANSWERS

1—A   2—C   3—D   4—C   5—D
6—C   7—A   8—B   9—C   10—C

Please record your total correct answers from this trivia set on the scorecard on page 5.

SET 22

1. What bird served as miracle food for the Israelites?
   A. Quail
   B. Raven
   C. Eagle
   D. Duck

2. The words of what prophet caused the Syrian soldiers to be struck blind?
   A. Elisha
   B. Jeremiah
   C. Isaiah
   D. Elijah

3. Who said, "In him we live and move and have our being"?
   A. Jacob
   B. Paul
   C. David
   D. Ruth

4. Which king built the first temple in Jerusalem?
   A. King David
   B. King Solomon
   C. King Darius
   D. King Nebuchadnezzar

5. How many angels rescued Lot and his family from the doomed city of Sodom?
    A. 2
    B. 3
    C. 4
    D. 5

6. Which man dreamed about an angel and goats?
    A. Joseph
    B. Jacob
    C. John
    D. Josiah

7. Where was Jesus when an angel came and strengthened him?
    A. Wilderness
    B. Gethsemane
    C. Mount Carmel
    D. The River Jordan

8. Who parted the Jordan by striking it with his mantle?
    A. Elisha
    B. Joshua
    C. Moses
    D. Elijah

9. What prophet went into exile in Babylon?
    A. Isaiah
    B. Jonah
    C. Jeremiah
    D. Ezekiel

10. According to Jesus, which person was not dead, but only sleeping?
       A. Jairus's daughter
       B. Lazarus
       C. Eutychus
       D. John the Baptist

SET 22 ANSWERS

1—A   2—A   3—B   4—B   5—A
6—B   7—A   8—D   9—D   10—A

Please record your total correct answers from this trivia set on the scorecard on page 5.

SET 23

1. Which servant girl in Jerusalem came to the door when Peter escaped from prison?
       A. Orpah
       B. Rhoda
       C. Hagar
       D. Joanna

2. Who urged her husband to curse God and die?
       A. Lot's wife
       B. Job's wife
       C. Aaron's wife
       D. Hosea's wife

3. Who built pagan temples to please all his foreign wives?
   A. Saul
   B. Darius
   C. David
   D. Solomon

4. Which king hosted a banquet where a hand left a message on the palace wall?
   A. Jabin
   B. David
   C. Herod
   D. Belshazzar

5. Which leader fashioned a brass snake?
   A. Joshua
   B. Gideon
   C. Moses
   D. Abimelech

6. How many jars of water did Jesus turn into wine?
   A. 4
   B. 5
   C. 6
   D. 7

7. What did Paul recommend as a substitute for wine?
   A. Holy Spirit
   B. Jesus
   C. God
   D. All of the above

8. What was mixed with the wine vinegar Jesus was offered on the cross?
     A. Myrrh
     B. Gall
     C. Water
     D. Nutmeg

9. Who fasted for forty days on Mount Sinai?
     A. Jeremiah
     B. Jacob
     C. Moses
     D. Joshua

10. Who fasted for forty days after his baptism?
     A. John the Baptist
     B. Peter
     C. John
     D. Jesus

SET 23 ANSWERS

| 1—B | 2—B | 3—D | 4—D | 5—C |
| 6—C | 7—A | 8—B | 9—C | 10—D |

Please record your total correct answers from this trivia set on the scorecard on page 5.

> All human discoveries seem to be made only for the purpose of confirming more and more strongly the truths . . . contained in the sacred writings.
>
> —Sir William Herschel, German-born astronomer and composer who became famous for discovering Uranus and infrared radiation

SET 24

1. Who fasted as an attempt to save the life of his son by Bathsheba?
   A. Saul
   B. David
   C. Uriah
   D. Esau

2. Who was famous as an eater of locusts?
   A. Matthew
   B. Paul
   C. John the Baptist
   D. Peter

3. Who traded his birthright for his brother's bread and lentil stew?
   A. Jacob
   B. David
   C. Joseph
   D. Esau

4. Who had a baker who made pastries for him?
   A. The pharaoh in Moses' time
   B. The pharaoh in Joseph's time
   C. Samson
   D. Gideon

5. Where is Canaan first described as a land flowing with milk and honey?
    A. Genesis
    B. Exodus
    C. Leviticus
    D. Judges

6. What animal was killed for food when the prodigal son returned home?
    A. A hog
    B. A rooster
    C. A turkey
    D. The fatted calf

7. Who ate honey out of a lion's carcass?
    A. David
    B. Elijah
    C. Saul
    D. Samson

8. Who was deceived when his son dressed in goatskin gloves and presented him with a meal?
    A. Jacob
    B. Esau
    C. Isaac
    D. Israel

9. What prophet spoke of God putting Israel into a winepress?
    A. Isaiah
    B. Jeremiah
    C. Nehemiah
    D. Joel

10. In the book of Acts, how many new believers were converted at Pentecost?

   A. 1
   B. 50
   C. 700
   D. 3,000

SET 25

1. Ananias and his wife Sapphira were struck dead by the Holy Spirit for:

   A. Lying
   B. Bribery
   C. Cursing in the temple
   D. Stealing money from the poor

2. Which king was seeking to kill the infant Jesus?

   A. Saul
   B. Herod
   C. Archelaus
   D. Caesar

3. Who held a feast with dancing when his son returned?
   A. The mother of the prodigal son
   B. Jesus
   C. The father of the prodigal son
   D. Jacob

4. What disciple outran Peter to Jesus' tomb?
   A. John
   B. Philip
   C. Bartholomew
   D. Andrew

5. What is the first book of the New Testament?
   A. John
   B. Matthew
   C. Mark
   D. Luke

6. Who tore a lion apart with his bare hands?
   A. Joshua
   B. Samson
   C. Jacob
   D. Ethan

7. Which devout young person was placed in a lions' den?
   A. Joseph
   B. Daniel
   C. Esau
   D. Joshua

8. According to 1 Peter, who is like a ravenous lion?
   A. Satan
   B. Judas
   C. Herod
   D. Elymas

9. Which future king claimed that he had grabbed lions by the throat and beat them to death?
   A. King Hiram
   B. King Nebuchadnezzar
   C. King David
   D. King Zimri

10. Who anointed Jesus' head with an expensive ointment known as spikenard?
    A. Mary, Lazarus's sister
    B. Martha
    C. The Samaritan woman
    D. The daughter of Jairus

SET 25 ANSWERS

1—A   2—B   3—C   4—A   5—B
6—B   7—B   8—A   9—C   10—A

Please record your total correct answers from this trivia set on the scorecard on page 5.

STUDY HELPS FOR TRIVIA QUESTIONS

SET 1
1. Exodus 3:1–3
2. Genesis 19:24
3. Exodus 19:18
4. Job 1:16
5. Exodus 3:4–5
6. Jeremiah 1:5
7. Isaiah 6:1–9
8. Genesis 25:21–23
9. Genesis 13:14–17
10. Exodus 33:18–20

SET 2
1. Daniel 3:24–25
2. Genesis 9:13–15
3. Genesis 6:8–9
4. 2 Kings 1:8
5. 2 Samuel 11:14–16
6. Genesis 37:3
7. Exodus 20
8. Acts 7:59–60
9. Numbers 13
10. Exodus 3:7–9

SET 3
1. Mark 15:25–34
2. Genesis 32:28
3. Genesis 1:20–23
4. Genesis 4:15–16
5. 2 Samuel 11:2
6. Genesis 35:17–19
7. Numbers 12:1

8. Matthew 14:6–10
9. Judges 16:15–16
10. Genesis 6:14–16

SET 4
1. Genesis 12:1
2. Genesis 25:5–11
3. Genesis 50:17–21
4. Exodus 12:31–35
5. 1 Kings 17:19–22
6. Ezra 7:9–10
7. Esther 7:3–4
8. Nehemiah 2:17–18
9. Jeremiah 1
10. Acts 9:20–30

SET 5
1. Acts 16:1–3
2. Acts 18:24–28
3. Luke 1:5
4. John 11:24–26
5. Luke 10:38–39
6. John 11:32–35
7. Mark 1:30–31
8. Genesis 29:31–33
9. Acts 2:41
10. Mark 1:4

SET 6
1. Matthew 3:13–14
2. Acts 12:1–2
3. Acts 1:23–26

4. Matthew 9:9–10

5. John 21:18–19

6. Matthew 10:4

7. John 21:20–23

8. Genesis 6:10; 7:6–8

9. Luke 1:26–27

10. Genesis 6:15–16

SET 7

1. Genesis 41:25–31

2. Acts 5:1–10

3. 1 Kings 10:1–2

4. Mark 1:6

5. 1 Kings 3:23–27

6. Acts 12:6–8

7. Genesis 5–7

8. Romans 11:1

9. Galatians 4:13

10. Titus 1:4–5

SET 8

1. 1 Thessalonians 1:1

2. Genesis 8:8–12

3. Genesis 40:22

4. 1 Kings 10:21

5. 1 Kings 11:4–9

6. Acts 14:19

7. Acts 23:8

8. 1 Kings 11:43

9. John 14:1–4

10. 1 Peter 1:3–5;
    Revelation 21:1–7

SET 9

1. Revelation 21:1–2

2. Revelation 21:1–2

3. Revelation 22:1–2

4. Revelation 21:21

5. Revelation 21:4–5;
   22:3–5

6. Genesis 18:12

7. Ruth 1:15

8. Nehemiah 8:10

9. 2 Samuel 9:7

10. Job 1:20–21

SET 10

1. Matthew 1:23

2. Matthew 2

3. Luke 19:8

4. Genesis 37:31

5. John 1:38

6. Mark 15:21;
   Luke 23:26

7. Proverbs 12:18

8. 1 Chronicles 11–29

9. Song of Solomon 8:7

10. John 11:35

SET 11

1. Judges 9:3–5

2. Daniel 4:33

3. Acts 11:26

4. Matthew 21:1–3

5. Genesis 23:1

6. Genesis 25:7–8

7. Genesis 35:8

8. Joshua 24:32
9. Genesis 35:27–29
10. Deuteronomy 34:5–6

SET 12

1. Numbers 20:28–29
2. Exodus 2:10
3. Ruth 1:4–5
4. 2 Corinthians 11:24–25
5. 1 Kings 7:1
6. Exodus 3:5
7. Jeremiah 1:5
8. Genesis 25:23
9. Job 2:3
10. 1 Samuel 27:1

SET 13

1. Genesis 7:2
2. Genesis 29:18–20
3. Genesis 29:20, 27
4. Joshua 6
5. Genesis 41:25–27
6. Exodus 12:15
7. Judges 16:26–30
8. Luke 11:31
9. Numbers 11:4–6
10. 1 Kings 17:6

SET 14

1. Genesis 8:4
2. Exodus 8:1–14
3. Genesis 5:29
4. Acts 20:9
5. 2 Samuel 12:13

6. Joshua 24:15
7. Matthew 27:3–4
8. 2 Chronicles 1:7–10
9. 1 Samuel 17:41–43
10. Exodus 12:40–41

SET 15

1. Matthew 10:4; Mark 6:3;
   Luke 6:16; Acts 5:37, 15:22
2. Daniel 6:10
3. Luke 1–2
4. Daniel 4:1–12
5. Genesis 8:11
6. Exodus 12:22
7. Deuteronomy 34:1–3
8. Acts 12:6–10
9. Genesis 5–7
10. Genesis 17:5

SET 16

1. Genesis 4:17
2. Genesis 4:8
3. Matthew 4:18–20
4. Genesis 9:20–21
5. 1 Samuel 16:13
6. Genesis 4:17
7. Numbers 22:28–30
8. Acts 15:39–41
9. Genesis 2
10. Genesis 35:10

SET 17

1. Matthew 1:20–21
2. Mark 3:16

3. Luke 1:26–30
4. Matthew 2:1–11
4. Matthew 2:11
5. Luke 1:39–42
6. Isaiah 7:14
7. Genesis 4:9
8. Exodus 3:13
9. Exodus 3:11
10. Mark 1:3–4

SET 18
1. Genesis 27:14–24
2. Exodus 19
3. Matthew 2:18
4. 1 Samuel 26:17
5. Genesis 4:17
6. Ruth
7. 1 Samuel 10:23–24
8. Genesis 10:8–9
9. 2 Samuel 6:16, 20
10. 2 Chronicles 7:6

SET 19
1. Genesis 4:2
2. Matthew 4:18–20
3. Exodus 13:13–14
4. Genesis 8:20
5. Acts 16:25–27
6. Genesis 39:19–20
7. Matthew 14:3–4
8. Genesis 42:14–17
9. Acts 12:6–7
10. Genesis 39:1

SET 20
1. Matthew 8:5–9
2. Numbers 20:9–11
3. Mark 2:13–14
4. Acts 2:14
5. John 11:43–44
6. Genesis 17:15
7. 1 Samuel 18:27
8. Mark 4:37–38
9. Exodus 32:2–4
10. Luke 23:8–9

SET 21
1. Judges 16:21–24
2. 2 Samuel 12:24–25
3. Numbers 13:26–30
4. 2 Samuel 11:14–16
5. John 19:34
6. Acts 10
7. Exodus 16:31–32
8. Acts 27:1–3
9. Exodus 3:1–4
10. Mark 14:66–72

SET 22
1. Exodus 16:13;
   Numbers 11:31
2. 2 Kings 6:11–18
3. Acts 17:28
4. 1 Kings 6
5. Genesis 19:1–15
6. Genesis 28:12, 31:10–12
7. Matthew 4:1–11
8. 2 Kings 2:8

9. Ezekiel 1:1–3
10. Mark 5:35–39

SET 23

1. Acts 12:11–13
2. Job 2:9
3. 1 Kings 11:1–10
4. Daniel 5:1–5
5. Numbers 21:8–9
6. John 2:1–10
7. Ephesians 5:18
8. Matthew 27:34
9. Exodus 34:27–28
10. Matthew 4:1–2

SET 24

1. 2 Samuel 12:16–18
2. Matthew 3:4
3. Genesis 25:29–34
4. Genesis 40:1–2
5. Exodus 3:8
6. Luke 15:23
7. Judges 14:8
8. Genesis 27:15–29
9. Isaiah 63:3
10. Acts 2:41

SET 25

1. Acts 5:1–10
2. Matthew 2:13–16
3. Luke 15:22–24
4. John 20:2–4
5. Matthew
6. Judges 14:5–6
7. Daniel 6:16
8. 1 Peter 5:8
9. 1 Samuel 17:34–36
10. John 12:3

Part Two
CROSSWORD PUZZLES

PUZZLE 1: FINE DINING

ACROSS

1. Speaker's platform
5. ". . . and the bush ___ not consumed" (Exodus 3:2)
8. Indonesian island
12. Too
13. MD's org.
14. "He couched, he lay down as a ___" (Numbers 24:9)
15. A biblical meal
18. "And they found the ___ rolled away" (Luke 24:2)
19. Gets the point
20. Chicago trains
22. Little bit of land in the ocean
26. Time going backward?
29. "That the inheritance may be ___" (Luke 20:14)
32. Praiseful poem
33. What Esau sold his birthright to Jacob for
36. Decorative coffee server

37. ". . . let him first ___ a stone at her" (John 8:7)
38. 15 March, e.g.
39. Argument
41. Slippery tree?
43. Chinese nanny
46. Bring down a notch
50. A biblical meal

54. It's tempting to a fish
55. Unruly group
56. ___ go bragh!
57. "Pharaoh and all his ___ slain by the sword" (Ezekiel 32:31)
58. Go down a bunny slope
59. Cola

DOWN

1. Pops or fathers
2. Landed
3. "The fool hath said in his heart, There ___ God" (Psalm 14:1)
4. Some Shakespearean works
5. "The LORD is a man of ___" (Exodus 15:3)
6. Bible book between Joel and Obadiah
7. Umpire's call
8. "___ them which persecute you" (Romans 12:14)
9. ". . . and over the fowl of the ___" (Genesis 1:26)
10. Defensive tennis stroke
11. ___ and outs
16. Moray
17. Holdup
21. Couch
23. Washing machine unit
24. ". . . the children's teeth are set on ___" (Jeremiah 31:29)
25. Props for golfers

26. Large flightless birds
27. A ___ formality
28. "Money ___ everything!"
30. ___ and downs
31. Learning by repetition
34. "___ All Ye Faithful"
35. Voice qualities
40. Mouth-watering
42. Scientist's workplace
44. Charity
45. Boxer's punch
47. Dynamic start?
48. "You ___ a mouthful!"
49. Author Ferber
50. Harvard deg.
51. Paddle kin
52. Wheel part
53. Org. with a most wanted list

PUZZLE 2: FOOLISHNESS

ACROSS

1. Dieter's no-nos
5. Number of gods in monotheism
8. Be angry
12. Explorer called "the Red"
13. Woman with a habit?
14. Organic compound
15. Skilled tumblers
17. Aaron made one
18. "The fool hath said in his heart, ___" (Psalm 14:1)
20. For each
21. Bristlelike appendage on grass
22. Indian dress
25. Wrath
26. Public transportation
29. "Even a fool, when he holdeth his peace, ___" (Proverbs 17:28)
33. Luxurious place for a massage
34. "Go ye, ___ you straw where ye can find it" (Exodus 5:11)

35. Mountain wild goat
36. "And Sisera gathered together ___ his chariots" (Judges 4:13)
37. Pablo or Jose lead-in
39. "The way of a fool is right ___" (Proverbs 12:15)
45. "That was the ___ Light" (John 1:9)

46. Respectful
47. Verdi opus
48. It's east of Eden
49. Lotion ingredient
50. Like some automobiles
51. ". . . pure in heart: for they shall ___ God" (Matthew 5:8)
52. Gnat, for example

DOWN

1. Notable achievement
2. Curved structure or part of the foot
3. One of four on an auto
4. Sign of the zodiac
5. Broadcasting
6. Party favorites
7. Catch in a trap
8. Represent falsely
9. Reverse an action
10. Frame of mind
11. Right-angled bend
16. Quilting or spelling
19. "The one ___ five hundred pence" (Luke 7:41)
22. Sib
23. Cleopatra's undoing
24. Record label
25. Telecommunications giant, for short
26. Napkin under the chin
27. "But when ye pray, ___ not vain repetitions" (Matthew 6:7)

28. Gender
30. Jamaican citrus fruit
31. Ozzie and Harriet
32. Apple variety
36. In the lead
37. Scandinavian native
38. *Wheel of Fortune* selection
39. Pupil's place
40. Like Adam and Eve in the garden, originally
41. Woodwind instrument
42. Connecticut Ivy League school
43. Grandson of Adam
44. Printing term
45. St. Anthony's cross

PUZZLE 3: NOT THE FIRST

ACROSS

1. "He warmeth himself, and saith, ___, I am warm" (Isaiah 44:16)
4. California's Fort ___
7. SECOND oldest man (Genesis 5:20)
12. "Absolutely!"
13. Airline watchdog grp.
14. Egg-shaped
15. SECOND son of Joseph (Genesis 41:52)
17. SECOND martyr (Acts 12:2)
18. Et cetera
20. Travelers from the east
23. "Moses brought Israel from the Red ___" (Exodus 15:22)
24. "They set a ___, they catch men" (Jeremiah 5:26)
28. Kind of coffee or stew
30. Bygone Ford car
32. Boxing legend Muhammad
33. SECOND son of Jacob (Genesis 29:33)

35. SECOND day creation (Genesis 1:8)
37. Brother of Japheth
38. Crumpets' companion
40. Openly seen
41. "Hold on ___!"
43. One-time connector
45. "And lead us not ___ temptation"
46. Gridiron pitchout
49. SECOND traveling companion

of Paul (Acts 15:40)
52. Covenant recipient (Genesis 17:9)
56. Practical joke
57. Almost worthless French coin
58. "Now ___ seen everything!"
59. SECOND plague (Exodus 8:6)
60. Seabird
61. "I have ___ the Lord always before me" (Psalm 16:8)

DOWN

1. "Sure thing, skipper!"
2. With it, '40s style
3. ___ Wednesday
4. ". . . in the twinkling ___ eye" (1 Corinthians 15:52)
5. Late-night refrigerator visits?
6. "And straightway the ___ arose, and walked" (Mark 5:42)
7. Skater Starbuck
8. ___-garde
9. "Thou shalt also take one ___" (Exodus 29:15)
10. French summer
11. ___ Moines, Iowa
16. Collect, as for a charity
19. "Let there be now an ___ betwixt us . . ." (Genesis 26:28)
20. Baryshnikov, to friends
21. Operatic songs
22. One-inch putt, e.g.
25. "And he sent forth a ___"

(Genesis 8:7)
26. On the ball
27. Spotted pony
29. "And my wrath shall wax ___" (Exodus 22:24)
31. In excelsis ___
34. Spiffy
36. St. Teresa's birthplace
39. "His soul shall dwell ___ . . ." (Psalm 25:13)
42. Trolley sound
44. Shady retreat
47. Questions
48. Make ___ for it
49. Coppertone no.
50. Abbr. on sale items
51. Vientiane native
53. ". . . he gave ___ only begotten Son" (John 3:16)
54. St. or blvd. relative
55. Opera place in NYC

PUZZLE 4: PROSPERITY

ACROSS

1. Tater
5. Grazing land
8. Burger and fries go-with
12. Evergreen tree
13. Work unit
14. Runs up bills
15. "___, even as thy soul prospereth" (3 John 1:2)
18. Backless seat
19. "And Lot journeyed ___" (Genesis 13:11)
20. Handwoven Scandinavian rug
22. Book before Philemon
26. Operatic melody
29. Blackthorn fruit
32. The ___ of Good Feelings
33. "And it shall be our ___" (Deuteronomy 6:25)
36. Inflated feeling of pride
37. What mares eat
38. Nursemaid of India
39. Brother of Moses

41. "And the servant took ___ camels" (Genesis 24:10)
43. Jacket fastener
46. Rental agreement
50. "___ thy walls" (Psalm 122:7)
54. Soup vegetable
55. Before, formerly

56. Compulsive's list-heading
57. "The hart, and the roebuck, and the fallow ___" (Deuteronomy 14:5)
58. Inc. in the U.K.
59. "And the ___ of them both were opened" (Genesis 3:7)

DOWN

1. Health resorts
2. Ice-cream unit
3. Reverse an action
4. Hebrew prophetess
5. Hawaiian wreath
6. Sea eagle
7. Turkish officer
8. Raccoon kin
9. "I am like an ___ of the desert" (Psalm 102:6)
10. "And God said, ___ there be light" (Genesis 1:3)
11. "He planteth an ___" (Isaiah 44:14)
16. 1960s TV Tarzan, Ron ___
17. Adlai's '56 running mate
21. Between ports
23. Abound
24. Celestial bear
25. Window frame
26. Region
27. Capital of Latvia
28. Stravinsky or Sikorsky
30. Sodom survivor

31. Expel
34. 1,000 kilograms
35. *No, No,* ___ (Longtime Broadway musical)
40. Hollywood Best Picture statue
42. Priest of Israel who cared for Samuel
44. Genesis murder victim
45. Saucy
47. Nautical attention grabber
48. "Who is on the Lord's ___?" (Exodus 32:26)
49. Nephew of Cain and Abel
50. Peas' place
51. ___ out a living
52. "Her ways ___ ways of pleasantness" (Proverbs 3:17)
53. Become one at the altar

PUZZLE 5: RAIN DRAIN

ACROSS

1. Site of a ship's controls

5. Back, on a ship

8. Maryland cake ingredient

12. Operatic melody

13. Auto-grille protector

14. "And it is a ___ thing that the king requireth" (Daniel 2:11)

15. ". . . for vanity shall be ___" (Job 15:31)

18. "As a ___ which melteth" (Psalm 58:8)

19. Fermented honey drink

20. Prefix with life or wife

22. Celestial streaker across space

26. Arrogant person

29. "And the men ___ up from thence" (Genesis 18:16)

32. Santa ___, California

33. ". . . ___ saith the Lord God" (Ezekiel 13:8)

36. "Who ___ to judge?"

37. Jamaican citrus fruit

38. "Pharaoh's chariots and his ___ hath he cast . . ." (Exodus 15:4)
39. Gold or silver, e.g.
41. Golf-course standard
43. "And saw two ships standing by the ___" (Luke 5:2)
46. Initiates a phone call
50. "The Lord knoweth the ___" (Psalm 94:11)

54. "What time they wax ___" (Job 6:17)
55. "Go to the ___, thou sluggard" (Proverbs 6:6)
56. Dorothy's companion to Oz
57. City in Iowa
58. Negative vote
59. Slant, as survey results

DOWN

1. Exclamations of surprise
2. Ireland, romantically
3. Leonardo's painting subject Mona ___
4. Xylophone-like instrument
5. Grade-school song start
6. "Cease ye ___ man" (Isaiah 2:22)
7. Make the wild mild
8. System of beliefs
9. Was on the ballot
10. Circle portion
11. Stinging pest
16. Priest of Israel who cared for Samuel
17. Walks back and forth
21. Air resistance
23. Deli spread
24. Grandson of Adam
25. Without any slack
26. Thailand, once
27. "The ___ of the first is Pison" (Genesis 2:11)

28. Leave out
30. "___ for the light" (Exodus 25:6)
31. Salon sound
34. Russian prison camp
35. Penny-pinchings
40. Grads who return for homecoming
42. *Much ___ About Nothing*
44. Genghis or Kubla
45. Volcano in Sicily
47. Run ___ (go wild)
48. "Even of ___ my people is risen up . . ." (Micah 2:8)
49. "If I wash myself with ___ water" (Job 9:30)
50. U.S. airline no longer in service
51. One person on Noah's ark
52. Lode from a lode
53. Pig's digs

PUZZLE 6: TRINITY

1	2	3	■	4	5	6	7	■	8	9	10	11
12			■	13				■	14			
15			16				■	17				
18					■	19			■	■	■	
■	■		20		21			22		23	24	25
26	27	28		■	29	30	31		■	32		
33				34				■	35			
36				37				■	38			
39			40		■	■	41	42		■	■	■
■	■		43		44	45	■	46		47	48	49
50	51	52				■	53					
54				■	55			■	■	56		
57				■	58			■	■	59		

ACROSS

1. What Adam and Eve did, being naked
4. Cummerbund
8. Practice with a boxer
12. "The Holy ___ of God" (Mark 1:24)
13. Cleveland's lake
14. Caesar's partner in '50s TV
15. "O ye ___" (Matthew 16:8)
18. "I have set the ___ of the sword against all their gates"
19. Something to smell
20. Hither and ___
22. Ablaze
26. Sound rebound
29. Molecular building block
32. "And the priest shall ___ his right finger in the oil" (Leviticus 14:16)
33. "___ in the day of evil" (Jeremiah 17:17)
36. Item to pick up in a restaurant

37. Singer Lovett
38. Peter Fonda role
39. See 19-Across
41. Viet ___
43. Joel's follower in the Bible
46. Yoga position
50. "Greet ye one another with a ___" (1 Peter 5:14)
54. Prefix with *while*

55. Number of Gospels
56. "In a ___ it shall be made with oil" (Leviticus 6:21)
57. "Good ___ from a far country" (Proverbs 25:25)
58. "A rod out of the ___ of Jesse" (Isaiah 11:1)
59. "That's all ___ wrote"

DOWN

1. Basketball target
2. Inside stuff, briefly
3. It's full of baloney
4. Free-for-all
5. "Our Father, who ___ in Heaven"
6. Storage tower
7. "Take ye ___ every one of his neighbor" (Jeremiah 9:4)
8. Winter neckwear
9. Hawaiian paste
10. Take the stage
11. Word heard at a pep rally
16. "Didn't know you had it ___"
17. Sudsy
21. Not any, country-style
23. Aaron's calf, for one
24. "Put ye in the sickle, for the harvest is ___" (Joel 3:13)
25. Saber relative
26. Miss Kett of comics
27. Burn a bit, as a burger

28. Stereotypical boxcar rider
30. Final amt.
31. Evil sign
34. San Antonio mission
35. Sitcom material
40. ". . . cedars from Lebanon to make ___ for thee" (Ezekiel 27:5)
42. "When ye blow an ___ the second time" (Numbers 10:6)
44. Switch positions
45. Man from Dundee
47. Gratuities
48. Beehive state
49. "Auld Lang ___"
50. Barbie's boy doll
51. Fury
52. Point opposite NNE
53. Color property

PUZZLE 7: GLORY

ACROSS

1. Audio problem
5. One-time U.S. airline
8. Perceptive
12. ". . . thou dash thy ___ against a stone" (Luke 4:11)
13. ". . . and to every fowl of the ___" (Genesis 1:30)
14. Cornstarch brand
15. ". . . for the glory of the Lord had filled ___" (2 Chronicles 5:14)
18. More sensitive
19. "___ the Herald Angels Sing"
20. Confederate general
22. Brother of Moses
26. Graven image
29. "The Holy Ghost is come ___ you" (Acts 1:8)
32. In the past
33. ". . . the Lord was like ___" (Exodus 24:17)
36. Paris water
37. December song

38. Caesar's fateful day
39. Let in
41. Hankering
43. *The King and I* locale
46. Rope a cow
50. ". . . earth ___ with the glory of the Lord" (Numbers 14:21)

54. American Revolutionary hero
55. Hawaiian wreath
56. God Almighty
57. Spew
58. ___ out a living
59. Affirmatives

DOWN

1. Newts
2. Silver salmon
3. Weeder
4. Shakespeare character
5. T-shaped cross
6. Expression of desire
7. Width times length
8. *The Castle* novelist Franz
9. Work unit
10. Cause of a swelled head
11. Agree without saying a word
16. Mineral-bearing earth
17. Large long-armed ape
21. European money
23. Sneak attack
24. Folklore fiend
25. Opposition votes
26. Flash of brilliance
27. ___ Sea Scrolls
28. Egg cell
30. Apple dessert
31. "So that not ___ this our craft is in danger" (Acts 19:27)

34. "___ I make thy foes thy footstool" (Acts 2:35)
35. At long last
40. Ait (British)
42. Priest of Israel who cared for Samuel
44. "And they were not ___ to resist the wisdom" (Acts 6:10)
45. They shall inherit the earth
47. Gin type
48. Doris Day song word repeated after "Que"
49. Bettor's numbers
50. "And ___ said, Yea, for so much" (Acts 5:8)
51. Son of Noah
52. "I am the greatest" claimant, in a boxing ring
53. "Fee, ___, fo, . . ."

PUZZLE 8: GREEN PUZZLE

ACROSS

1. "That's amazing!"
4. "For this ___ is Mount Sinai in Arabia" (Galatians 4:25)
8. Solo from 22-Across
12. "Which are blackish by reason of the ___" (Job 6:16)
13. "And I am ___ that the king of Egypt" (Exodus 3:19)
14. Egg layers
15. British business abbr.
16. "And they made upon the ___ of the robe" (Exodus 39:24)
17. Flightless Australian birds
18. Corporate image
20. ". . . and their ___ trees with frost" (Psalm 78:47)
22. *Carmen* and *Tosca*
24. Heavy overcoat
25. "Behold, thou art ___ than Daniel" (Ezekiel 28:3)
26. Slimy fish
27. Mass. time zone

28. Olive producer mentioned in Isaiah 41:19
31. Knock on wood
34. Melancholy
35. Gawks
39. Footnote citation
41. Source of fine wool
42. ". . . spreading himself like a ___ tree" (Psalm 37:35)
44. Shut the door really hard

45. ___ d'oeuvre
46. To boot
48. Physicians' medical group
49. Small fastener
50. Greek portico
51. ___ Aviv
52. Poems of tribute
53. Combat vehicle
54. Inventor Whitney

DOWN

1. ". . . and set it as a ___ tree" (Ezekiel 17:5)
2. Eight-armed creatures
3. Pie slices
4. Volcanic fallout
5. Estimate
6. Military force
7. Savior
8. Throat-clearing sounds
9. Channel surfer's need
10. Habituates
11. Declare
19. Three-part cookie
21. Assert without proof
23. Like Jesus on the third day
26. O'Hare stat.
29. Reprimand
30. Corn units
31. Brit's cheerful agreement
32. "And he brought him forth ___" (Genesis 15:5)

33. Penetrate
36. He ordered Christ's crucifixion
37. Type of paint
38. Ethiopian's neighbor
40. Office furniture
41. Words repeated after "O Absalom"
43. Utah ski resort
47. "For ye shall be as an ___ whose leaf fadeth" (Isaiah 1:30)

PUZZLE 9: TREASURES

1	2	3	4	■	5	6	7	■	8	9	10	11
12				■	13			■	14			
15				16				■	17			
■	■		18			■	19				■	■
20	21	22			■	23	24				25	26
27				■	28			■	29			
30			■	31			■	■	32			
33			■	34			■	35				
36			37			■	38					
■	■	39			■	40				■	■	■
41	42			■	43	44			■	45	46	47
48				■	49			■	50			
51				■	52			■	53			

ACROSS

1. 15 and 43-Across
5. "If I be wicked, ___ unto me" (Job 10:15)
8. Exceedingly uncommon
12. Glasgow hillside
13. Hem and ___
14. Dashing style
15. "The first foundation was jasper; the second, ___" (Revelation 21:19)
17. Jars of Clay, e.g.
18. Stuff similar to Noah's pitch
19. Spider's creation
20. Curved
23. Cutting ironic remark
27. "It is a rare thing ___ the king requireth" (Daniel 2:11)
28. Snowman accessory
29. Timid
30. "___ the land of the free . . ."
31. "The Courtship of Miles Standish" character

32. Rocky hill
33. Well-worn pencil
34. "I have coveted no man's silver, or ___" (Acts 20:33)
35. Have on, as clothes
36. Strive to equal or match
38. Measurement around the waist
39. "Eat not of it raw, ___ sodden" (Exodus 12:9)
40. Negative replies
41. Like doilies

43. Twelfth foundation of Jerusalem's walls in Revelation 21:20
48. Jazz singer Fitzgerald
49. "And the earth ___ without form" (Genesis 1:2)
50. Lug
51. Boat's backbone
52. Sodom escapee
53. "There is bdellium and the ___ stone" (Genesis 2:12)

DOWN

1. *Saint Joan* writer's initials
2. Big Band or Christian
3. Where X marks the spot
4. Band of seven
5. Blender sound
6. "And all that handle the ___" (Ezekiel 27:29)
7. Ram's mate
8. Three-stringed instrument
9. "...an ___ box of very precious ointment" (Matthew 26:7)
10. Sprinted
11. "The ___ of all flesh is come before me" (Genesis 6:13)
16. "Yet I ___ planted thee a noble vine" (Jeremiah 2:21)
19. Songbird
20. Make amends
21. Rhubarb

22. "...row was a sardius, a topaz, and a ___" (Exodus 39:10)
23. Move like a crab
24. Mimicked
25. Piglet
26. Gift of the Magi
28. Part of a novel
31. Culture base
35. "I ___ be excused"
37. Patriotic
38. Acquired
40. It's out on a limb
41. Albanian monetary unit
42. Ginger ___ (soda choice)
43. Tool for punching holes
44. Chinese revolutionary leader
45. Hither's partner
46. Pig's place
47. ___-Mex cooking

PUZZLE 10: ROAMING

ACROSS

1. Kind of Japanese wrestling
5. Historical time period
8. Disorderly crowds
12. Certain black card in a deck
13. Carpet
14. "Woe to the ___ shepherd that leaveth the flock!" (Zechariah 11:17)
15. ". . . roll a great stone ___" (1 Samuel 14:33)
18. Backyard cookout site
19. "For Joshua drew not his ___ back" (Joshua 8:26)
20. Polite thing to call a man
22. Slogan
26. "And they took Joseph's ___" (Genesis 37:31)
29. Emanation
32. Feed for a horse
33. ". . . ___ for to keep them" (Joshua 10:18)
36. Magnavox rival

37. Maple fluids

38. Capital of Norway

39. "Whose soever sins ye ___"
(John 20:23)

41. Result of sun exposure

43. "As an eagle stirreth up her
___" (Deuteronomy 32:11)

46. Choir member

54. Declare as true

55. "There is none righteous, no,
not ___" (Romans 3:10)

56. Greek "Z"

57. Heredity factor

58. Famous clock in London, Big
___

59. Revival-meeting shout

DOWN

1. Atlantic food fish

2. Bone of the arm

3. Purebred's opposite

4. Certain wind players in an
orchestra

5. Preceding, in poetry

6. Old Testament book

7. Turkish officer

8. Perform incorrectly

9. ". . . the ___ number of them
is to be redeemed" (Numbers
3:48)

10. Deadly reptile

11. Crafty

16. Miss Piggy's "me"

17. "And it became lice ___"
(Exodus 8:17)

21. Proportionately (with "Pro")

23. Kids' playthings

24. ". . . and not the ___"
(Deuteronomy 28:13)

25. Uniformed comics dog

26. Singer Vikki

27. ". . . not ___ nor twice"
(2 Kings 6:10)

28. Father of Seth

30. Ballpark figure?

31. ". . . and I will give you ___"
(Matthew 11:28)

34. Organic compound

35. First Western televised in color

40. Become accustomed (to)

42. ___ system (human-blood
classification)

44. Arrogant person

45. Bring to proper pitch

47. Son of Noah

48. Location

49. Muscat locale

50. Discarded cloth

51. "For Adam was first formed,
then ___" (1 Timothy 2:13)

52. "___ cubits shall be the length
of a board" (Exodus 26:16)

53. ". . . my tongue is the ___ of a
ready writer" (Psalm 45:1)

CROSSWORD PUZZLE SOLUTIONS

PUZZLE 1: FINE DINING

DAIS WAS BALI
ALSO AMA LION
DINNEROFHERBS
STONE SEES
ELS ISLET
EMIT OURS ODE
MESSOFPOTTAGE
URN CAST IDES
SETTO ELM
AMAH ABASE
MORSELOFBREAD
BAIT MOB ERIN
ARMY SKI SODA

PUZZLE 3: NOT THE FIRST

AHA ORD JARED
YES FAA OVATE
EPHRAIM JAMES
ANDSOON
MAGI SEA TRAP
IRISH LTD ALI
SIMEON HEAVEN
HAM TEA OVERT
ASEC ATA INTO
LATERAL
SILAS ABRAHAM
PRANK SOU IVE
FROGS ERN SET

PUZZLE 2: FOOLISHNESS

FATS ONE FUME
ERIC NUN ENOL
ACROBATS IDOL
THEREISNOGOD
PER AWN
SARI IRE BUS
ISCOUNTEDWISE
SPA GET IBEX
ALL SAN
INHISOWNEYES
TRUE OBEISANT
AIDA NOD ALOE
USED SEE PEST

PUZZLE 4: PROSPERITY

SPUD LEA COLA
PINE ERG OWES
ANDBEINHEALTH
STOOL EAST
RYA TITUS
ARIA SLOE ERA
RIGHTEOUSNESS
EGO OATS AMAH
AARON TEN
SNAP LEASE
PEACEBEWITHIN
OKRA ERE TODO
DEER LTD EYES

PUZZLE 5: RAIN DRAIN

PUZZLE 7: GLORY

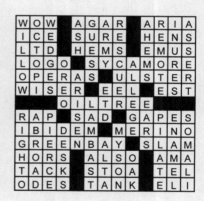

PUZZLE 6: TRINITY

PUZZLE 8: GREEN PUZZLE

PUZZLE 9: TREASURES

G	E	M	S		W	O	E		R	A	R	E
B	R	A	E		H	A	W		E	L	A	N
S	A	P	P	H	I	R	E		B	A	N	D
		T	A	R			W	E	B			
A	R	C	E	D		S	A	R	C	A	S	M
T	H	A	T		P	I	P	E		S	H	Y
O	E	R		A	L	D	E	N		T	O	R
N	U	B		G	O	L	D		W	E	A	R
E	M	U	L	A	T	E		G	I	R	T	H
		N	O	R			N	O	S			
L	A	C	Y		A	M	E	T	H	Y	S	T
E	L	L	A		W	A	S		T	O	T	E
K	E	E	L		L	O	T		O	N	Y	X

PUZZLE 10: ROAMING

S	U	M	O		E	R	A		M	O	B	S
C	L	U	B		R	U	G		I	D	O	L
U	N	T	O	M	E	T	H	I	S	D	A	Y
P	A	T	I	O		H	A	N	D			
			S	I	R			M	O	T	T	O
C	O	A	T		A	U	R	A		O	A	T
A	N	D	S	E	T	M	E	N	B	Y	I	T
R	C	A		S	A	P	S		O	S	L	O
R	E	M	I	T		T	A	N				
			N	E	S	T		B	A	S	S	O
R	E	T	U	R	N	U	P	O	N	H	I	M
A	V	E	R		O	N	E		Z	E	T	A
G	E	N	E		B	E	N		A	M	E	N

Part Three
SUDOKU

How to Play Biblical Sudoku

Sudoku is one of the most popular games in the world. Playing requires no word, calculation, or arithmetic skills whatsoever. It is a simple game of placing numbers in squares using logic. These fun puzzles are solved worldwide by children and adults alike. But these forty puzzles have a unique biblical twist to them, as you'll soon learn after reviewing the rules.

Sudoku Objective

The objective of Sudoku is to fill in all the blank squares with a number from 1 to 9. Zero is never used. There are three very simple rules to follow:

Every row of 9 numbers must include all digits 1 through 9 without repeats in any order.

Every column of 9 numbers must include all digits 1 through 9 without repeats in any order.

Every 3 by 3 subsection of the 9 by 9 square must include all digits 1 through 9 without repeats in any order.

All Sudoku puzzles begin with a number of squares already filled in, making solving the puzzles possible through a little logic. As you fill in the blank squares correctly, options for the remaining squares are narrowed and it becomes easier and easier to fill them in. I've gone one step further. In each puzzle are three gray squares that correspond to the chapter and verse of a King James Version Bible scripture listed. This can be a major clue for you as you solve these puzzles. Take your time and enjoy!

Einstein's theory of relativity has been hailed as one of the most brilliant discoveries ever conceived in a human mind. Yet all Einstein did, whether he knew it or not, was confirm the first statement of the Bible. Einstein's theory shows that the universe is a triune space-time-matter continuum. This means that all three things — space, time, and matter — had to come into existence simultaneously. But isn't that exactly what Genesis 1:1 says? It states "In the beginning God created the heavens and the earth." Here's that scripture again with a little help. "In the beginning (TIME) God created the heavens (SPACE) and the earth (MATTER)."

PUZZLE 1

9	4	5		1		3		
░	░	░				9		
					4		1	5
7			5			8		1
		2		6		4		
1		8			2			9
4	5		3					
		6						
		9		4		7	8	6

Clue:

Psalm __ __ : __

"The Lord is my light and my salvation; whom shall I fear?"

PUZZLE 2

					7			
9			2	3		1	5	
		1		9	8		3	6
	1			2		6	4	
	2	6		8			9	
7	3		1	5		9		
	9	2		6	4			8
			8			░	░	░

Clue:

Ephesians __ : __ __

"Now in Christ Jesus ye who sometimes were far off are made nigh by the blood of Christ."

PUZZLE 3

					1			9
4				6			5	
	8							3
		9	2	4				
	3	2	5		6	4	1	
				8	7	3		
2							3	
	4			7				8
7			4					

Clue:

Proverbs __ : __ __

"The Lord shall be thy confidence, and shall keep thy foot from being taken."

PUZZLE 4

		3			5			4
	4				3	8	1	2
9					6			
3					7		4	
	6						3	
	9		3					6
			1					3
4	2	8	7				5	
1			8			4		

Clue:

Isaiah __ __ : __

"Behold, the Lord's hand is not shortened, that it cannot save; neither his ear heavy, that it cannot hear."

PUZZLE 5

					6			2
3			4	2			5	
8						7		1
						9	1	7
	9						6	
6	5	4						
7		6						9
	2			1	7			4
5			2					

Clue:

Hebrews __ : __ __

"We have not an high priest which cannot be touched with the feeling of our infirmities; but was in all points tempted like as we are, yet without sin."

PUZZLE 6

		8	7				5	3
		6				2	4	
2	3						8	
			1	8	9		2	5
5	8		4	2	3			
	6						3	9
	7	5				4		
4	2				6	5		

Clue:

Colossians __ : __ __

"Put on therefore, as the elect of God, holy and beloved, bowels of mercies, kindness, humbleness of mind, meekness, longsuffering."

PUZZLE 7

	3	8						5
				1	5		6	3
	6	2						
			6			2		
	7	3				4	9	
		4			2			
						7	4	
4	2		9	5		▓	▓	▓
9						5	8	

Clue:

Luke __ : __ __

"As ye would that men should do to you, do ye also to them like-wise."

PUZZLE 8

					5	2	7	
			8		2		3	
6	2		4					
3				6		1		
	9		5		8		6	
	5		2					4
					9		5	7
	6		3		4	▓	▓	▓
	8	1	6					

Clue:

1 Corinthians __ __ : __

"To one is given by the Spirit the word of wisdom; to another the word of knowledge by the same Spirit."

PUZZLE 9

Clue:

Psalm __ __ : __

"Though an host should encamp against me, my heart shall not fear."

PUZZLE 10

Clue:

John __ : __ __

"Then spake Jesus again unto them, saying, I am the light of the world."

PUZZLE 11

		2						
4				8	9		2	6
8		7			3		9	
	4					3	6	
7								5
	6	5					1	
	7		5			9		8
1	8		7	3				2
					2			

Clue:

Psalm __ __ : __

"They shall be abundantly satisfied with the fatness of thy house."

PUZZLE 12

2				5	6			
	3							
	4	5				2		6
	5			9		1		7
	7		3		1		6	
9		8		7			3	
1		3				8	2	
							7	
			4	3				9

Clue:

John __ : __ __

"The next day John seeth Jesus coming unto him, and saith, 'Behold the Lamb of God, which taketh away the sin of the world.'"

PUZZLE 13

	6		9	4				
8		4			6		3	
5				8				
							6	1
6			5		7			8
9	3							
				9				2
	1		2			9		3
▓	▓	▓		6	8		7	

Clue:

Genesis __ __ : __

"The Lord was with Joseph, and he was a prosperous man."

PUZZLE 14

		2	1				7	
		9	4					
1							4	3
8	3		5	9				
9			▓	▓	▓			8
				8	1		3	6
2	8							7
					7	1		
		1			6	4		

Clue:

Exodus __ __ : __

"All the wise men, that wrought all the work of the sanctuary, came every man from his work which they made."

PUZZLE 15

								7
		8		7	9			2
	9				5			3
	7	9		4		3		
5	3						4	8
		4		5		2	7	
4			7				1	
2			5	1		8		
9								

Clue:

1 Corinthians __ : __ __

"Brethren, let every man, wherein he is called, therein abide with God."

PUZZLE 16

				9	3			
5		8		3				
		3	8					2
	2		6			1		5
		1	9		4	2		
9		6			1		7	
1					2	7		
			1			9		3
			2	4				

Clue:

Proverbs __ __ : __

"Answer not a fool according to his folly, lest thou also be like unto him."

PUZZLE 17

		5			2	8	7	3
	8				6		9	
		1	7					2
		6		7	8			
	9	2				7	1	
			9	1		2		
3					7	1		
	7		8				3	
6	1	8	5			9		

Clue:

Jeremiah __ __ : __

"Order ye the buckler and shield, and draw near to battle."

PUZZLE 18

3	5	1	4				2	
	9	7	6	3				
								7
	2				4	1		
	4						7	
		8	9				5	
6								
				2	6	5	3	
	7				1	4	8	6

Clue:

Romans __ : __ __

"Not the hearers of the law are just before God, but the doers of the law shall be justified."

PUZZLE 19

8		9		4				2
	5	2				3		
				5			8	
	1	4						
9			7		4			8
						9	6	
	4			7		▓	▓	▓
		8				6	1	
3				1		5		9

Clue:

Matthew __ : __ __

"When he was entered into a ship, his disciples followed him."

PUZZLE 20

3					9		5	4
			8		5	6		1
	8			4	6			
1			3				2	
▓	▓	▓		9				
	2				8			3
			7	5			8	
8		5	6		1			
6	1		9					5

Clue:

Mark __ : __ __

"He charged them that they should tell no man: but the more he charged them, so much the more a great deal they published it."

PUZZLE 21

	4	3	6					
		1	4	9			6	
	6						8	
			7	3				9
1	3						2	7
7				1	5			
	1		▓	▓	▓		9	
	5			8	3	1		
						6	3	7

Clue:

Psalm __ __ : __

"He hath delivered me out of all trouble."

PUZZLE 22

				9		4	6	
	5		▓	▓	▓		9	
7		6				1	5	
		3		7	6			4
			9		2			
5			3	4		2		
	7	9				8		3
	3						2	
	4	2		6				

Clue:

Ephesians __ : __ __

"Take the helmet of salvation, and the sword of the Spirit, which is the word of God."

PUZZLE 23

					7			2
8			1		4			
1	6			9	7			
7	2					9		
	5		9		2		8	
		8					5	7
		5	2				6	9
			5		6			8
3			7			▓	▓	▓

Clue:

Galatians __ : __ __

"They that are Christ's have crucified the flesh with the affections and lusts."

PUZZLE 24

▓	▓	▓				9	2	3
		8		5	1			
9					3			
3	9			1	2			
	6						9	
			5	6			7	2
			3					7
			8	2		4		
7	5	9						

Clue:

Luke __ __ : __

"The apostles said unto the Lord 'Increase our faith.'"

PUZZLE 25

4				8	5		9	6
			▓	▓	▓	2		
			9	3				4
8		3	5					
	6		3		8		2	
					1	3		9
3				4	6			
		8						
6	5		2	9				7

Clue:

Romans __ : __ __

"Sin shall not have dominion over you: for ye are not under the law, but under grace."

PUZZLE 26

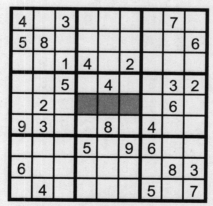

4		3					7	
5	8							6
		1	4		2			
		5		4			3	2
	2		▓	▓	▓		6	
9	3			8		4		
			5		9	6		
6							8	3
	4					5		7

Clue:

John __ : __ __

"Whosoever believeth in him should not perish, but have eternal life."

PUZZLE 27

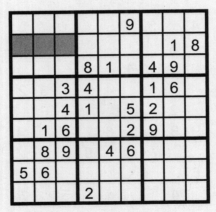

Clue:

Psalm __ __ : __

"Unto thee, O Lord, do I lift up my soul."

PUZZLE 28

Clue:

Matthew __ : __ __

"When Jesus departed thence, two blind men followed him, crying, and saying, 'Thou son of David, have mercy on us.'"

PUZZLE 29

6		9			4		7	3
			1			9		5
					9			
4	2			9		3		
	8						6	
		5		8			2	4
			8					
7		1			5			
9	6		4			7		2

Clue:

Psalm __ __ : __

"My soul shall make her boast in the Lord: the humble shall hear thereof, and be glad."

PUZZLE 30

6				3		1		
	3				8			
	2				1	6	9	
7			2		5	8	3	
			7		4			
	8	2	3		9			5
	9	7	5				8	
			8				7	
		3		4				2

Clue:

Psalm __ __ : __

"Thy mercy, O Lord, is in the heavens; and thy faithfulness reacheth unto the clouds."

PUZZLE 31

	4				3			7
				1		8		
			2	4	1	5		
		7			8		9	
3			▩	▩	▩			6
	8		7			4		
	7	9	4	6				
		1		5				
4			3				2	

Clue:

Psalm __ __ : __

"The voice of the Lord breaketh the cedars; yea, the Lord breaketh the cedars of Lebanon."

PUZZLE 32

7	1				4			
3			2	6			5	7
				8				6
					6			1
	4		▩	▩	▩		3	
1			9					
2				3				
8	7			4	2			3
			7				9	8

Clue:

Proverbs __ __ : __

"A man shall be commended according to his wisdom."

PUZZLE 33

8			6	9	7	2		5
	2					9		1
	4		7	1			5	
1				2				8
	9			6	4		1	
6		1					8	
4		2	5	3	1			6

Clue:

Genesis __ __ : __

"God appeared unto Jacob again, when he came out of Padanaram, and blessed him."

PUZZLE 34

3				6				4
			4	3		1	7	5
		4				2		
	6	7		5	9			
			7	8		6	9	
		5				7		
7	8	3		4	6			
2				1				8

Clue:

Deuteronomy __ : __ __

"Thou shalt say unto thy son, 'We were Pharaoh's bondmen in Egypt; and the Lord brought us out of Egypt with a mighty hand.'"

PUZZLE 35

		6			9	1		
		3				7		8
1	9			8			5	
3				1	6	5	4	
			▓	▓	▓			
	6	4	8	2				1
	7			9			1	5
8		9				2		
		5	2			3		

Clue:

Numbers __ : __ __

"One kid of the goats for a sin offering."

PUZZLE 36

	8	4	3					
5						8	9	
▓	▓	▓			7	3		6
		1	7		8		4	
	2		5		3	6		
9		2	1					
	4	7						8
					4	9	6	

Clue:

Galatians __ : __ __

"I through the law am dead to the law, that I might live unto God."

PUZZLE 37

		3		2				
1	2						4	6
	5						8	1
		1			9	8	6	
			8		3			
	8	5	7			9		
7	9						1	
6	1						5	2
				6		7		

Clue:

Psalm __ __ : __

"Delight thyself also in the Lord; and he shall give thee the desires of thine heart."

PUZZLE 38

						6		9
	6						7	
1		9	7		4			
	9		3		1			
7				5				4
			2		9		3	
			8		3	5		6
	1						2	
5		2						

Clue:

Psalm __ __ : __

"Thy testimonies are very sure: holiness becometh thine house, O Lord, for ever."

PUZZLE 39

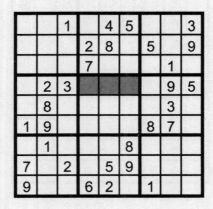

Clue:

James __ : __ __

"Is any among you afflicted? let him pray. Is any merry? let him sing psalms."

PUZZLE 40

Clue:

Acts __ : __ __

"Then laid they their hands on them, and they received the Holy Ghost."

ANSWERS TO SUDOKU PUZZLE CLUES

PUZZLE 1: 271

PUZZLE 2: 213

PUZZLE 3: 326

PUZZLE 4: 591

PUZZLE 5: 415

PUZZLE 6: 312

PUZZLE 7: 631

PUZZLE 8: 128

PUZZLE 9: 273

PUZZLE 10: 812

PUZZLE 11: 368

PUZZLE 12: 129

PUZZLE 13: 392

PUZZLE 14: 364

PUZZLE 15: 724

PUZZLE 16: 264

PUZZLE 17: 463

PUZZLE 18: 213

PUZZLE 19: 823

PUZZLE 20: 736

PUZZLE 21: 547

PUZZLE 22: 617

PUZZLE 23: 524

PUZZLE 24: 175

PUZZLE 25: 614

PUZZLE 26: 315

PUZZLE 27: 251

PUZZLE 28: 927

PUZZLE 29: 342

PUZZLE 30: 365

PUZZLE 31: 295

PUZZLE 32: 128

PUZZLE 33: 359

PUZZLE 34: 621

PUZZLE 35: 734

PUZZLE 36: 219

PUZZLE 37: 374

PUZZLE 38: 935

PUZZLE 39: 513

PUZZLE 40: 817

SUDOKU PUZZLE SOLUTIONS

PUZZLE 1

9	4	5	2	1	8	3	6	7
2	7	1	6	5	3	9	4	8
6	8	3	7	9	4	2	1	5
7	6	4	5	3	9	8	2	1
5	9	2	8	6	1	4	7	3
1	3	8	4	7	2	6	5	9
4	5	7	3	8	6	1	9	2
8	1	6	9	2	7	5	3	4
3	2	9	1	4	5	7	8	6

PUZZLE 3

3	2	6	7	5	1	8	4	9
4	9	7	3	6	8	2	5	1
5	8	1	9	2	4	6	7	3
1	7	9	2	4	3	5	8	6
8	3	2	5	9	6	4	1	7
6	5	4	1	8	7	3	9	2
2	6	5	8	1	9	7	3	4
9	4	3	6	7	5	1	2	8
7	1	8	4	3	2	9	6	5

PUZZLE 2

5	6	3	4	1	7	8	2	9
9	8	4	2	3	6	1	5	7
2	7	1	5	9	8	4	3	6
8	1	7	9	2	3	6	4	5
3	5	9	6	4	1	7	8	2
4	2	6	7	8	5	3	9	1
7	3	8	1	5	2	9	6	4
1	9	2	3	6	4	5	7	8
6	4	5	8	7	9	2	1	3

PUZZLE 4

8	7	3	2	1	5	9	6	4
6	4	5	9	7	3	8	1	2
9	1	2	4	8	6	3	7	5
3	8	1	6	2	7	5	4	9
2	6	4	5	9	1	7	3	8
5	9	7	3	4	8	1	2	6
7	5	9	1	6	4	2	8	3
4	2	8	7	3	9	6	5	1
1	3	6	8	5	2	4	9	7

PUZZLE 5

4	1	5	7	8	6	3	9	2
3	7	9	4	2	1	8	5	6
8	6	2	9	5	3	7	4	1
2	3	8	5	6	4	9	1	7
1	9	7	8	3	2	4	6	5
6	5	4	1	7	9	2	3	8
7	8	6	3	4	5	1	2	9
9	2	3	6	1	7	5	8	4
5	4	1	2	9	8	6	7	3

PUZZLE 7

1	3	8	4	6	7	9	2	5
7	4	9	2	1	5	8	6	3
5	6	2	8	3	9	1	7	4
8	9	1	6	4	3	2	5	7
2	7	3	5	8	1	4	9	6
6	5	4	7	9	2	3	1	8
3	8	5	1	2	6	7	4	9
4	2	7	9	5	8	6	3	1
9	1	6	3	7	4	5	8	2

PUZZLE 6

1	9	8	7	4	2	6	5	3
7	5	6	3	9	8	2	4	1
2	3	4	6	1	5	9	8	7
6	4	7	1	8	9	3	2	5
3	1	2	5	6	7	8	9	4
5	8	9	4	2	3	1	7	6
8	6	1	2	5	4	7	3	9
9	7	5	8	3	1	4	6	2
4	2	3	9	7	6	5	1	8

PUZZLE 8

4	1	8	9	3	5	2	7	6
9	7	5	8	6	2	4	3	1
6	2	3	4	7	1	5	8	9
3	4	2	7	9	6	8	1	5
1	9	7	5	4	8	3	6	2
8	5	6	2	1	3	7	9	4
2	3	4	1	8	9	6	5	7
7	6	9	3	5	4	1	2	8
5	8	1	6	2	7	9	4	3

PUZZLE 9

7	9	1	4	2	6	3	5	8
3	5	2	7	1	8	9	4	6
8	6	4	9	5	3	7	1	2
5	8	3	1	4	9	6	2	7
9	4	6	2	8	7	1	3	5
1	2	7	6	3	5	4	8	9
2	7	8	3	6	1	5	9	4
4	3	9	5	7	2	8	6	1
6	1	5	8	9	4	2	7	3

PUZZLE 11

9	1	6	2	7	4	5	8	3
4	5	3	1	8	9	7	2	6
8	2	7	6	5	3	1	9	4
2	4	8	9	1	5	3	6	7
7	9	1	3	6	8	2	4	5
3	6	5	4	2	7	8	1	9
6	7	2	5	4	1	9	3	8
1	8	9	7	3	6	4	5	2
5	3	4	8	9	2	6	7	1

PUZZLE 10

3	4	5	2	8	1	7	6	9
1	6	8	4	7	9	5	2	3
9	2	7	6	5	3	4	8	1
7	1	2	5	4	6	3	9	8
4	3	9	8	1	2	6	5	7
5	8	6	3	9	7	2	1	4
8	9	3	7	2	5	1	4	6
6	5	4	1	3	8	9	7	2
2	7	1	9	6	4	8	3	5

PUZZLE 12

2	8	9	7	5	6	3	4	1
6	3	1	9	4	2	7	5	8
7	4	5	8	1	3	2	9	6
3	5	6	2	9	4	1	8	7
4	7	2	3	8	1	9	6	5
9	1	8	6	7	5	4	3	2
1	9	3	5	6	7	8	2	4
8	6	4	1	2	9	5	7	3
5	2	7	4	3	8	6	1	9

PUZZLE 13

1	6	3	9	4	2	8	5	7
8	2	4	7	5	6	1	3	9
5	7	9	3	8	1	2	4	6
2	5	7	8	3	9	4	6	1
6	4	1	5	2	7	3	9	8
9	3	8	6	1	4	7	2	5
7	8	5	4	9	3	6	1	2
4	1	6	2	7	5	9	8	3
3	9	2	1	6	8	5	7	4

PUZZLE 15

3	2	5	6	8	1	4	9	7
1	4	8	3	7	9	5	6	2
7	9	6	4	2	5	1	8	3
6	7	9	2	4	8	3	5	1
5	3	2	1	6	7	9	4	8
8	1	4	9	5	3	2	7	6
4	8	3	7	9	2	6	1	5
2	6	7	5	1	4	8	3	9
9	5	1	8	3	6	7	2	4

PUZZLE 14

3	4	2	1	5	8	6	7	9
7	6	9	4	2	3	8	5	1
1	5	8	6	7	9	2	4	3
8	3	6	5	9	2	7	1	4
9	7	1	3	6	4	5	2	8
4	2	5	7	8	1	9	3	6
2	8	4	9	1	5	3	6	7
6	9	3	2	4	7	1	8	5
5	1	7	8	3	6	4	9	2

PUZZLE 16

2	6	4	5	1	9	3	8	7
5	1	8	7	2	3	6	4	9
7	9	3	8	4	6	5	1	2
4	2	7	6	3	8	1	9	5
8	5	1	9	7	4	2	3	6
9	3	6	2	5	1	4	7	8
1	8	9	3	6	2	7	5	4
6	4	5	1	8	7	9	2	3
3	7	2	4	9	5	8	6	1

PUZZLE 17

9	6	5	1	4	2	8	7	3
2	8	7	3	5	6	4	9	1
4	3	1	7	8	9	5	6	2
1	5	6	2	7	8	3	4	9
8	9	2	4	6	3	7	1	5
7	4	3	9	1	5	2	8	6
3	2	4	6	9	7	1	5	8
5	7	9	8	2	1	6	3	4
6	1	8	5	3	4	9	2	7

PUZZLE 19

8	6	9	1	4	3	7	5	2
4	5	2	6	8	7	3	9	1
1	3	7	2	5	9	4	8	6
6	1	4	3	9	8	2	7	5
9	2	5	7	6	4	1	3	8
7	8	3	5	2	1	9	6	4
5	4	1	9	7	6	8	2	3
2	9	8	4	3	5	6	1	7
3	7	6	8	1	2	5	4	9

PUZZLE 18

3	5	1	4	7	8	6	2	9
4	9	7	6	3	2	8	1	5
8	6	2	1	5	9	3	4	7
7	2	9	5	8	4	1	6	3
5	4	6	2	1	3	9	7	8
1	3	8	9	6	7	2	5	4
6	1	3	8	4	5	7	9	2
9	8	4	7	2	6	5	3	1
2	7	5	3	9	1	4	8	6

PUZZLE 20

3	6	1	2	7	9	8	5	4
4	7	2	8	3	5	6	9	1
5	8	9	1	4	6	3	7	2
1	5	8	3	6	7	4	2	9
7	3	6	4	9	2	5	1	8
9	2	4	5	1	8	7	6	3
2	9	3	7	5	4	1	8	6
8	4	5	6	2	1	9	3	7
6	1	7	9	8	3	2	4	5

PUZZLE 21

8	4	3	6	7	2	9	5	1
5	7	1	4	9	8	2	6	3
9	6	2	3	5	1	7	8	4
6	2	8	7	3	4	5	1	9
1	3	5	8	6	9	4	2	7
7	9	4	2	1	5	6	3	8
3	1	6	5	4	7	8	9	2
2	5	7	9	8	3	1	4	6
4	8	9	1	2	6	3	7	5

PUZZLE 23

5	9	4	3	6	7	8	1	2
8	3	7	1	2	4	6	9	5
1	6	2	8	5	9	7	4	3
7	2	1	4	8	5	9	3	6
6	5	3	9	7	2	4	8	1
9	4	8	6	1	3	2	5	7
4	7	5	2	3	8	1	6	9
2	1	9	5	4	6	3	7	8
3	8	6	7	9	1	5	2	4

PUZZLE 22

3	1	8	2	9	5	4	6	7
2	5	4	6	1	7	3	9	8
7	9	6	8	3	4	1	5	2
9	2	3	1	7	6	5	8	4
4	8	7	9	5	2	6	3	1
5	6	1	3	4	8	2	7	9
6	7	9	5	2	1	8	4	3
1	3	5	4	8	9	7	2	6
8	4	2	7	6	3	9	1	5

PUZZLE 24

1	7	5	6	8	4	9	2	3
2	3	8	9	5	1	7	4	6
9	4	6	2	7	3	5	8	1
3	9	7	4	1	2	8	6	5
5	6	2	7	3	8	1	9	4
4	8	1	5	6	9	3	7	2
8	2	4	3	9	5	6	1	7
6	1	3	8	2	7	4	5	9
7	5	9	1	4	6	2	3	8

PUZZLE 25

4	3	2	7	8	5	1	9	6
5	7	9	6	1	4	2	3	8
1	8	6	9	3	2	5	7	4
8	4	3	5	2	9	7	6	1
9	6	1	3	7	8	4	2	5
7	2	5	4	6	1	3	8	9
3	1	7	8	4	6	9	5	2
2	9	8	1	5	7	6	4	3
6	5	4	2	9	3	8	1	7

PUZZLE 27

8	5	6	1	3	2	7	9	4
7	2	1	6	4	9	3	8	5
3	9	4	5	8	7	1	2	6
1	7	5	4	6	8	9	3	2
6	3	9	2	5	1	8	4	7
2	4	8	7	9	3	6	5	1
9	6	2	8	7	5	4	1	3
4	1	3	9	2	6	5	7	8
5	8	7	3	1	4	2	6	9

PUZZLE 26

4	9	3	8	6	1	2	7	5
5	8	2	7	9	3	1	4	6
7	6	1	4	5	2	3	9	8
1	7	5	9	4	6	8	3	2
8	2	4	3	1	5	7	6	9
9	3	6	2	8	7	4	5	1
3	1	8	5	7	9	6	2	4
6	5	7	1	2	4	9	8	3
2	4	9	6	3	8	5	1	7

PUZZLE 28

1	4	8	3	2	9	5	7	6
9	2	7	6	5	4	3	1	8
6	3	5	8	1	7	4	9	2
2	5	3	4	9	8	1	6	7
7	9	4	1	6	5	2	8	3
8	1	6	7	3	2	9	4	5
3	8	9	5	4	6	7	2	1
5	6	2	9	7	1	8	3	4
4	7	1	2	8	3	6	5	9

PUZZLE 29

6	1	9	2	5	4	8	7	3
2	7	3	1	6	8	9	4	5
8	5	4	7	3	9	2	1	6
4	2	6	5	9	1	3	8	7
1	8	7	3	4	2	5	6	9
3	9	5	6	8	7	1	2	4
5	3	2	8	7	6	4	9	1
7	4	1	9	2	5	6	3	8
9	6	8	4	1	3	7	5	2

PUZZLE 31

1	4	5	9	8	3	2	6	7
6	2	3	5	1	7	8	4	9
7	9	8	6	2	4	1	5	3
5	6	7	1	4	8	3	9	2
3	1	4	2	9	5	7	8	6
9	8	2	7	3	6	4	1	5
8	7	9	4	6	2	5	3	1
2	3	1	8	5	9	6	7	4
4	5	6	3	7	1	9	2	8

PUZZLE 30

6	7	4	9	3	2	1	5	8
9	3	1	6	5	8	4	2	7
5	2	8	4	7	1	6	9	3
7	4	9	2	1	5	8	3	6
3	6	5	7	8	4	2	1	9
1	8	2	3	6	9	7	4	5
4	9	7	5	2	6	3	8	1
2	1	6	8	9	3	5	7	4
8	5	3	1	4	7	9	6	2

PUZZLE 32

7	1	6	5	9	4	3	8	2
3	8	4	2	6	1	9	5	7
5	9	2	3	8	7	1	4	6
9	3	7	4	5	6	8	2	1
6	4	5	1	2	8	7	3	9
1	2	8	9	7	3	4	6	5
2	5	1	8	3	9	6	7	4
8	7	9	6	4	2	5	1	3
4	6	3	7	1	5	2	9	8

PUZZLE 33

8	1	4	6	9	7	2	3	5
3	5	9	1	4	2	8	6	7
7	2	6	3	5	8	9	4	1
2	4	8	7	1	3	6	5	9
1	6	3	9	2	5	4	7	8
5	9	7	8	6	4	3	1	2
6	3	1	2	7	9	5	8	4
9	7	5	4	8	6	1	2	3
4	8	2	5	3	1	7	9	6

PUZZLE 35

5	8	6	4	7	9	1	2	3
2	4	3	5	6	1	7	9	8
1	9	7	3	8	2	4	5	6
3	2	8	9	1	6	5	4	7
9	5	1	7	3	4	6	8	2
7	6	4	8	2	5	9	3	1
4	7	2	6	9	3	8	1	5
8	3	9	1	5	7	2	6	4
6	1	5	2	4	8	3	7	9

PUZZLE 34

3	7	2	1	6	5	9	8	4
8	9	6	4	3	2	1	7	5
1	5	4	9	7	8	2	3	6
4	6	7	3	5	9	8	2	1
9	3	8	6	2	1	4	5	7
5	2	1	7	8	4	6	9	3
6	1	5	8	9	3	7	4	2
7	8	3	2	4	6	5	1	9
2	4	9	5	1	7	3	6	8

PUZZLE 36

6	8	4	3	5	9	7	1	2
5	7	3	6	2	1	8	9	4
2	1	9	8	4	7	3	5	6
3	9	1	7	6	8	2	4	5
7	5	6	4	9	2	1	8	3
4	2	8	5	1	3	6	7	9
9	6	2	1	8	5	4	3	7
1	4	7	9	3	6	5	2	8
8	3	5	2	7	4	9	6	1

PUZZLE 37

8	4	3	6	2	1	5	7	9
1	2	7	5	9	8	3	4	6
9	5	6	3	7	4	2	8	1
3	7	1	2	4	9	8	6	5
4	6	9	8	5	3	1	2	7
2	8	5	7	1	6	9	3	4
7	9	2	4	8	5	6	1	3
6	1	8	9	3	7	4	5	2
5	3	4	1	6	2	7	9	8

PUZZLE 39

5	1	4	9	3	8	7	2	6
7	2	6	1	4	5	3	9	8
3	9	8	7	2	6	4	1	5
6	8	2	5	1	3	9	4	7
1	4	7	8	9	2	5	6	3
9	3	5	4	6	7	2	8	1
2	7	1	6	5	9	8	3	4
8	6	9	3	7	4	1	5	2
4	5	3	2	8	1	6	7	9

PUZZLE 38

3	7	5	1	8	2	6	4	9
2	6	4	9	3	5	8	7	1
1	8	9	7	6	4	3	5	2
4	9	8	3	7	1	2	6	5
7	2	3	6	5	8	1	9	4
6	5	1	2	4	9	7	3	8
9	4	7	8	2	3	5	1	6
8	1	6	5	9	7	4	2	3
5	3	2	4	1	6	9	8	7

PUZZLE 40

8	6	1	9	4	5	7	2	3
3	7	4	2	8	1	5	6	9
2	5	9	7	6	3	4	1	8
4	2	3	8	1	7	6	9	5
5	8	7	4	9	6	2	3	1
1	9	6	5	3	2	8	7	4
6	1	5	3	7	8	9	4	2
7	4	2	1	5	9	3	8	6
9	3	8	6	2	4	1	5	7

An amazing revelation comes from Luke 17:30–34: "It will be just like this on the day the Son of Man is revealed. On that day no one who is on the roof of his house, with his goods inside, should go down to get them. Likewise, no one in the field should go back for anything. Remember Lot's wife! Whoever tries to keep his life will lose it, and whoever loses his life will preserve it. I tell you, on that night two people will be in one bed; one will be taken and the other left." This passage mentions "on that day" (v. 31) and "on that night" (v. 34). But it's the same day! How did Luke know that there could be day and night at the same time when people thought the earth was flat? We all know in this modern age that when it is day where we live, it is night in other places on earth. But certainly Luke could not have known that. Luke 17:34–36 expounds this further, stating that Jesus says the Rapture will occur at night for some and during the day for others. "I tell you, on that night there will be two men in one bed; the one will be taken, and the other will be left. Two women will be grinding together; the one will be taken and the other left. Two men will be in the field; the one will be taken and the other left." Only God, with his infinite wisdom could know this fact thousands of years ago. This is another example of God's having information we could not imagine, and why our God is the ultimate source for wisdom and knowledge.

Part Four
WORD SEARCH

PUZZLE 1: NAMES OF GOD

```
T Y B L O R D O F L O R D S A B N K R L N
J S A N Z G V T F V Q Q O L Q O V K E I O
H C T S O D K C C D J J P I S E Q I D V K
I W L T H E R O C K W H O V V O O N O I S
G D Z U B E O T G R A Q Y A B A B G G N S
H V W A L U W C M A N H H G F B S O G G D
P A X E N X Z A N H O L Y O N E E F N W J
R P I O K O S D G M P Y I E X K Z K I A E
I W I S R R O M R A B H I U X T D I T T S
E L W V S M Z T T I G J S N Y E T N S E U
S A J H E E P O X T T U F M V P X G A R S
T M C G B S M J O A L X N T G N S S L O C
C B A R F R Z C F E K V O I X E B A R E H
T O H T P Y Z Z W R Y X N U R A E O E I R
E F G T L A B H C G K H Z V P V L I V E I
B G D W T S O N O F D A V I D W O R E W S
Z O L I S T N I J K E Q K V G W V A Q F T
L D D R E H P E H S D O O G V V E S Q D U
Z U J L B D K M U U P P G H C S D T V A O
L J R Y E L L A V E H T F O Y L I L S Z F
A L Y F R Q V G E C A E P F O E C N I R P
```

ALPHA AND OMEGA
BELOVED
EVERLASTING GOD
GOOD SHEPHERD
GREAT I AM
HIGH PRIEST
HOLY ONE
JESUS CHRIST
KING OF KINGS
LAMB OF GOD

LILY OF THE VALLEY
LIVING WATER
LORD OF LORDS
MESSIAH
PRINCE OF PEACE
SAVIOR
SON OF DAVID
THE ROCK
YASHEWA

PUZZLE 2: ANIMALS IN THE BIBLE

```
R R L E O S J R F N E J H E I F E R A T S
Q M U L O N G J H K O E L E P H A N T W I
E J M L W Q J A N S E E T H I Q A H A C Q
L N W E K T A W P H X G L Y X I J R W M F
D O M Z J N C R N G T B P E G Z V M Q Q G
M Q U A N N K H A P U W A N M C A T T L E
A E X G A S A G H S I P M A H A R O R P H
T Y B M V T L S J A V A A Y I F H A S F P
V O T H R E G D A B B M E P K Z O C L R E
V N E N S N D R B F J K D M L B R I U Q P
S H P X I H M P E L N D Q F M D S A S T O
N K D Z Y C T N Q O J S C Y F L E H Y T L
Y N J R S X I K D D K N Q N V C F A M F E
G F A O H P O Y G N N G N C N Q V I Q Z T
A X O G U Y J U C U S B F U D X A U U G N
A V I C E F B K T O G H P N P X X M V C A
D D R T W E Y Q D H M A Q C R U W R R G Z
F O R D A F C N S Y M E U Z R Q X N M E M
P B Q R G E C K O E U C L E O P A R D E D
U W C P E O Q J F R O A P U H Y C O B R A
Q Y E X D U R Y E G S C O Y E A R X B C L
```

ANTELOPE

BADGER

BEAR

BOAR

CATTLE

CHAMELEON

COBRA

DONKEY

ELEPHANT

GAZELLE

GECKO

GREYHOUND

HEIFER

HORSE

HYENA

HYRAX

JACKAL

LEOPARD

PORCUPINE

PUZZLE 3: NOAH'S JOURNEY

```
D N I K Y R E V E F O O W T H R G T T M Y
H Z P O C I U P N F L W R W L C E Y Q N T
T X K W B R C A T T L E O R P P T Q I C G
G V I G N X J Z T W R D C E A D Q I O I J
H N I A R E V J P K N C B Q A V E V P X A
X F O W L S S I E I R R R E U F E D Z I P
P W B A Y I Q I W I P G R C G N I N Y N H
S U S C Y Y T U G D T D H F A V W P S O E
D T T E B B W K K Y O V Q N O M G P J W T
F C H M V D F H D R C K T N G G B S M H H
D V Y G G I O O O O G O V C E L X A Y I K
L H W P I G W O K E E P U E L X O N A W D
S N D W T N Y J R F A F S R A B W M N Q Z
R A C F A V Y F X I W S B Z V S M O O R I
F R B W O L Z T Z W Q W H C T N W V B P G
M Q K Q D O T S R M S W S E S Z S E D I S
F B H E D Q T A D O L T L U M T P D T B C
R S H D V O C K R S F W O U L S Z X U Z E
U N J Y Y O O C N M R D H K C C O K T S V
X O Z W J Y D L X I R P E B D Q F N I K O
D S E O Y N K A F T N L T W A F R Y S Q O
```

ALTAR
CATTLE
COVENANT
DOOR
DOVE
FLOOD
FORTY NIGHTS
FOWLS
JAPHETH
PITCH

RAIN
RAVEN
ROOMS
SHEM
SIDES
SONS
TWO OF EVERY KIND
WIFE
WINDOW
WIVES

PUZZLE 4: THE CROSS

```
S K Z B N I J W P H M U L T I T U D E S L
A W G I X M O J D V Q V Q F T C N Z G O R
X D E U W I S J T Y C S X J D F M A W F T
Q A B J Z P E S C R I B E S V I V C R A G
I R E M E S P V C F K I M H O Z D W W M D
Q K S H Q H H J J P D D Z O V Y R X N N E
N N Q T R N T M Y G K K Q G T U W A W D S
U E V U C J O F G N X L Z T T E W Z N K U
F S S I E O A S O N O I R U T N E C U Y C
L S Z I N S N Q V G J Q F R W D P U X Z C
J U D G K E T T H Y N Z H S E G J V F N A
S J P E O L G I E F P I B D F D U D C O T
C S N I K I V A O M F C K M P Y R A Q I U
F U O B L C I Q R N P L O Z L V E U T X F
C Q A R T A O F N B E T J I W E B P M I I
V F N I C L T M F F W D H I C W D L Q F G
R S X I P V U E L B S I Q S Y Q A A G I D
C R A I S A E W B K X U C B C G N D I C I
M W D T C R H H S O L D I E R S H S G U V
M Y M A K Y Y M A N R E Y J W L M M A R O
D L F C H P P Q T L I O K R X E M I R C L
```

ACCUSED

CALVARY

CENTURION

CONTEMPT

CRIME

CROSS

CRUCIFIXION

DARKNESS

JOSEPH

KING OF THE JEWS

MOCKED

MULTITUDES

MURDER

PILATE

QUESTIONED

SCRIBES

SOLDIERS

TOMB

VINEGAR

PUZZLE 5: SINS

```
G Y X O R K G H H D F D G F F D Q S T D P
E F C K N S Y F O L R S L A N E B L O W W
E D I R P T T R W L A S P O P S I E U I E
D P B C Z V E U E J C O I P D E M H T S X
N W Y K A R F M B T I L Z D R B P C T E T
O K V N S Y I G J B L O R D I O H I V U O
G H I J A Y R S W E O U D M Y C H F K K R
P T Z M N V T E B L N R D W R U A O V P T
Y Y A G L M S E U K T O N A A H V E C K I
Y B N E F S R T A Q H F F V A H D H R N O
F U I F H U W R Y F Y T T E M P E R U N N
V Y A Y N C D V F L P E N R G U X T E Y A
N V X S N O R N H Y O T Z E L F X W L S P
S M R M L J G M N L C E O D B G U X T K B
W C P A X U M C K H R C Z N C O A Z Y G H
T Q X Y D T G U B P I U W A H E P L L K W
L O I Y V N E G R L S A Z L T G N V V R X
A H D E R T A H A D Y C U S O T I E C E D
Z N J I U E Q E L R E A E P A X B R A C I
Y T A W R G U O V C D R D P B S I N S B V
R Z V E A L T J L K Q C L J J M T S H Z C
```

ADULTERY

CHEAT

CRUELTY

DECEIT

DRUNKARD

ENVY

EXTORTION

HATRED

HYPOCRISY

LAZY

LUST

MURDER

PRIDE

REBELLION

SINS

SLANDER

SLUGGARD

STRIFE

STUBBORN

TEMPER

THIEF

VANITY

WITCHCRAFT

PUZZLE 6: THE PRODIGAL ONE

```
D A N C I N G Y R G N A T Y B P E U Q X P
N G N S H W F P O O R D V Z G Q X F G I A
D S J F Q S A F R H K Z I R A A B L R X Y
E C H S N W Q R M O F D C K V X C R V E U
C V Z O F D H D I Z D I V I D E D I O M P
A Y C R E V C J A J P I O O S O Z S U L U
R M V Q X S S H X I S S G X M U F W T F F
B F N S G Y S R K S E A S A T A M B G L N
M A D K N I Q U T K G K P J L X L O E N N
E O I M I H N U J H X B L S E S A J K O K
P Y U T R A G O U F R M V J N T O R T I R
H T D U U Q F F G Y J S Z Z I Z Q N U S G
D R G C B E J I Q Q E Q M P W R R U Y S Q
D E Z Y R P L S R P S J I D S J D B S A Z
W V N J N A D D E M X O Z O T E W Z Y P H
T O H Y G F H D X Y P E F V S Z P S G M I
R P U U V E I V E O W E E S L B W L O O M
Z U V T N Q W E G N I T I N F N B G U C Y
G A T H E R E D L K N K E V H T Q V P Q W
Y E N R U O J I Y D K I K J S Y R G Z S Q
A K K B S E K N V U S H S S O E F R F H T
```

ANGRY

COMPASSION

DANCING

DIVIDED

EMBRACED

FIELDS

GATHERED

JOURNEY

KISSED

MUSIC

PODS

POOR

POVERTY

PRODIGAL SON

RING

SHOES

SINNED

SWINE

PUZZLE 7: CITIES IN THE BIBLE

```
G T E S E U F X X F S F I W L P Z M E N Z
S Y C N W C G E A G P Q V W P B G Q S Z L
G L D T I A G I T B K H R V J T S J M V Q
D O I K Z J A N A I N I E Y L E H T E B N
R S B A J B Q S J B S O Q F K N Z W X S L
J A O B B F L X T X K Y G K U G Z F N K H
T R N P X F H B O R O D T W A G V X Z W S
M D C E U L R T A E R A S E A C B C Q A M
O I E N E O N O N N I N E V E H G Q S L I
Y S Z B M P B J Q I F L W J N H N H X V A
E G A E B W F J P L R Y X R Z L D B V S R
M B A P A C B D N G Q O H F G O G J O M O
M E D C N E D M E N L R C L D I Q Q F P D
A B L V C Z Y W L M O D O S S C Z I Z Z A
U X K A B A H A R R O M O G W E C Q A E D
S J Z U S A D A P F W H G H Q M L X B Z N
H U N K I U K U R Z H A T W O Y C A J S J
A B P X V J R W K O V F E A V S W Y Z I V
R D U E K L F E M E E D A K M C Z E P V R
S U C S A M A D J N M R O R R A G I D Y S
X S T C F J K B W R J I Q U S S H F T U O
```

ACCAD	ENDOR
ADORAIM	GAZA
AROER	GOMORRAH
ASHDOD	HAMATH
BABEL	JERUSALEM
BETHEL	NAIN
CAESAREA	NINEVEH
CORINTH	ROME
DAMASCUS	SARDIS
DIBON	SELA
EMMAUS	SODOM

PUZZLE 8: JONAH AND THE FISH

```
Z D H N F B T H D S P T Q D N U Y H X X L
R R A T H R E E D A Y S Y D E Z S C Y A W
O T N T E M P E S T N A T T P Y W M Z S H
K K O A Y Y R G U A I C O F Q P A H C L E
L U J L H R X F C D J R I R K N L R X E V
P E L R T B A P P S Y I Q K T D L F P E E
B E C Q B V Q Y A E O F U G B T O V H P N
B G Q T E H N M C C K I I A I D W T M Q I
S C V F H P E N B F E C C R Z V J H G I N
D N I W T A E R G S I E I O H R I R H E Z
Z W Q H M S H L N U Y S U C B A R O N R T
L F O W E A P I T O K Y G W E I I W N A F
Z Z E R S L A V T T E W M N D C R N R F D
U U P M S T W F O V E R B O A R D S A D N
N K O F P C A S T L O T S Y S M H T Q I A
F W Z A D U N U L N Q C G K C I E W W A L
P Y C S R E N I R A M A N A S V J Y R P Y
I H V U Q P W Y R V P O J H K L R I D U R
L V A T B U K V S J O P P A R O B V R Z D
I J W L W A N O O C K E Q D Q R B N H E H
R O H K V J R J T S K R C M A D E V O W S
```

ASLEEP
BELLY
CAPTAIN
CAST LOTS
DRY LAND
GREAT WIND
JONAH
JOPPA
LORD
MADE VOWS
MARINERS

NINEVEH
OVERBOARD
PAID FARE
PRAYED
PRESENCE
SACRIFICE
SWALLOW
TARSHISH
TEMPEST
THREE DAYS
THROWN

PUZZLE 9: MORE NAMES FOR CHRIST

```
T U F I Y U R Q F L N E C C D H L W H D E
J S H E P H E R D D F H P B R I N C K Q R
K Q C Z J D D L R I K N Q W E M A M O A O
P X Z S C P E D L C E X V E H A M D R O H
W H F W Y D A F Z L C S E W S D X Q E I T
M G G D H U O H U B W L Z Z I A X O D M U
O A N Q O D T H P M C F L X N D V Z I C A
R Z F I A H S F C L A S W F I N J Q I C B
N C E E R I X L S I A T A Z F O Z D H W J
I R R L A P N A T B B F D J N C V Y R Q Z
N B E P Q U S H Q G E J V R Q E U D Q F N
G E H R V X F Y U L L R O L E S N U O C G
S D Y D E U W I A M Y B C C W P H S L Y Q
T P D E L V F K S D T G A I C U O W I X Y
A R R V I S I C M S I Y T T K K M P I A J
R H V O Y O O L R I P N E I F N E R V A E
G X W L Q P S I E T J D H X D N G R A Q O
Y T I E D A F W U D Z Q R E D N A M M O C
J Z T B Z T P P O D P A Y F Z G W Q J T X
G Y S P Z X Z O W D V Y D T M E V P P G P
S O W U L M R L Q O W R Z X O E G K J A L
```

ADVOCATE	DIADEM
ALPHA	DOOR
AUTHOR	FAITHFUL
BELOVED	FINISHER
BREAD OF LIFE	FIRSTBORN
COMMANDER	MORNING STAR
COUNSELOR	OMEGA
DAYSPRING	SECOND ADAM
DEITY	SHEPHERD
DELIVERER	

PUZZLE 10: IN AGREEMENT

```
P Z G S A T R A P S J D S P E T U O B O M
E Q X M Z E R Q Q F M J T D M V A V U P G
W N T S W B F V D E S S E R T S I D Y R R
Y E O D R T S R O L E S N U O C W W R E Y
G G F T X O M A F D A N I E L Y Q P L S M
W A M G S M N N M X V U S T N X O U K I X
H L L R F U C R M R O S C N F S R F J D Z
V J T K P N Z G E B K T D X V N D F G E P
F R Z D E X R T Z V X J H K E O I F I N R
E C Z L T I K G M T O O I S F I N I E T A
Z A Z U Y N I S V I B G G N I T A V G S Y
D R Q F N K I N H J T Q A V U I N W O R E
I T A H J H V A Z P X O K L I T C T P J D
G H I T V K R G L H U N Z B C E E Q I Q Y
N U B I R I O R T P P O V I E P A L A C E
I F V A E N V E A S M C J R Z K F V T L G
T E E F I G A E X H J O C B S I G N E T B
S A D D L D U M C Q N E C R S S V Y H B F
A M C T S O N E H J D N I N T E R D I C T
F N C P T M A N N L E D R J M T Y A K L B
Q I L D W H D T C T O J A U M B N Y S E Z
```

AGREEMENT	KINGDOM
COMPLAINT	ORDINANCE
COUNSELORS	PALACE
DANIEL	PETITION
DECREE	PRAYED
DISTRESSED	PRESIDENTS
FAITHFUL	RULER
FASTING	SATRAPS
GOVERNORS	SIGNET
INTERDICT	STONE

PUZZLE 11: HOLY MEN

```
V A G D H A N O E A I E A Z S P U K C H E
F Y J Z S C N O V F R N J O M S E B T W X
C T H K V Y R N A G U Z V D Y W N X K H X
I W D I U H I B A J C S E F K H T F Y A O
E P K Q K S M H F S Z R M A J A V V L I Z
H A P H I N E H A S R Q I R X I U S Q O J
D O J P M R I Z K U M E E H O K C V Y U H
Z O R B V X S Z O I L M G W P L X B P A O
B Q U V J U W T D I M V U L J I I F I L T
R U X B L E D S A I S P G G P H O N O X L
E H A I A R E S Z H B T I D B M A L C O L
N E A F Y E H R W P A M S O T H C P K U B
U A M E S I P K N H I J P E P Z W O L D E
V W T I B O M L C A G W I E I B L N M E V
C A U T B K Q K P K O P Z H T R T B Y Q D
U U Z C A R J O M X M X Y N A M P M G B R
T H B G Q M Q W O N A A R O N I T J O W W
I S R A M A H T I T I H X A M X Q B V Q H
I O I Y D M U D J U K X U E Q H X F J F N
L J X A D A I O H E J S K T O I A X C P J
L O D K N F N Y K J Z M Q R N P I Y U K F
```

AARON	JEHOIADA
ABIHU	JOSHUA
AHIJAH	MATTAN
ANNAS	NADAB
ELIASHIB	PHINEHAS
EZRA	PRIESTS
HILKIAH	SERAIAH
IMMER	ZADOK
ITHAMAR	ZEPHANIAH

PUZZLE 12: THE BURNING BUSH

```
Z X R L V O G W A K J D B A T X O G C G C
H S U B H O A A T S P E S O F W S C I G H
K F G L O L Y L W A W E T V V R H S E P I
T V F J A S V N I X F E H H H X A O N I J
W D L A I Q H I L B E P L O R R Q I N W X
E W H K T C K R D P M A L E F O O Y D E C
P E E C S S B E E U A Y T K J X L X C I Y
U G R O U N D H R V L K T U T R R U O D R
L X W L V Q U T N A F F L I C T I O N M Y
R K P F S P K A E X G L C Y J B M A I Q X
N O A R Y G S F S Y E A M B R D O L O I P
S T Q Y A B U Z S G A D B I N Q K A T O C
I H J R T K P E N X M Z N D W P Z H G R L
I O A P Z Z S A U U K G L I I I T U H I M
S R E B T O N T Q W F Q C L R B W K Z M C
S E T R M W F D P O P B P V E U S H O E S
Z B Y C I F G R R Y V T T O V R Y L A W I
H T L Y N F U T E O G M W L I N S U O A H
S T Z A E Y H H T T G E S Q L I L H Z Z H
B V Y C B F B P N L D Z Q Q E N R X F G W
U M X M K Y P L L T W V K J D G Y T E H Q
```

AFFLICTION

AFRAID

ANGEL

BRING FORTH

BURNING

BUSH

DELIVER

EGYPT

FATHER IN LAW

FIRE

FLAME

FLOCK

GROUND

HOLY

HONEY

HOREB

JETHRO

MILK

MOSES

SHOES

STAFF

WILDERNESS

PUZZLE 13: IN THE CHURCH

```
M E G C F E L L O W S H I P M N Y U Q E U
V M S I T P A B X R E T S I N I M K D V R
G M O O W D B U Q W Y R T B E Q P Z J I Y
A L A O E U Z O E Q Y D Y L Q Z B T H D N
J R C W S G J D X C G K Z H J R O V I F O
N Y O C I A N N O U N C E M E N T S X X I
O H M H A K F D J P O A V G N J J C P V T
I L M U R W C H O R U S D A R H U W R A A
S X U R P J Z X M K X O I N W T W D E U G
S N N C U X R V A I K T L A E U V V A D E
E G I H G J E D J T S B V Y F T X Z C I R
F N O C A E D M K I Z N T T B M T T H T G
N K N A E K L P R V H J Y X E R O A E O N
O M I S J A E H A X P M C F Q E E T R R O
C W H S Y I C F J S D C H M A B S U E I C
J L Z E R J O V L I T H O O D M M S N U A
M V A M A P A V V O B O I K F E F U M M I
X X V B N D E K N B Z Q R M W M S F C J S
A Q W L C Q Y V K J R I E Q V I E G U P L
S L I Y A C X A N Y Z J I U A D W G D J E
C K K T Y S G G L J B W Z V T X S Y N G M
```

AISLE	CONFESSION
ANNOUNCEMENTS	CONGREGATION
ASSEMBLY	DEACON
ATTENDANCE	ELDER
AUDITORIUM	FELLOWSHIP
BAPTISM	MEMBER
CHOIR	MINISTER
CHORUS	PASTOR
CHRISTIAN	PRAISE
CHURCH	PREACHER
COMMUNION	

PUZZLE 14: THE LORD'S PRAYER

```
E M A N Y E E K V V G X F L V L Z Z B Y N
I R S E V I G R A B Q U Q T T H I N E X H
Z E D I K J Z W P L F E X N U H W J U P P
R H L T Y D I Q S S P T R D D V M C K S S
Z T Z R E K I O C U U E Q D A B L I T J C
C A L B F P X U F A H M H J H L N A X D C
Y F T W N D C M L F S Z W D H G O D B P G
I S B F E M E Y L I A D L Q D N F O N R Y
G Z E G F H G G L R T F G O Z M L M E L F
N H D C H L T V X R E J M V E W I V T N G
F W C K N E O T N Y M Y E K L S I J W J W
J O R I Y D A Y A A P L D U L L S T Z F E
C E T J X T T V N M T J C E E O L M B J L
R L X L X F G Q E E A Y Q D W N J F L Z E
Y R A T Z C F B N N T R B A U O V E W M I
B D E P V X J G W J I O X Q C D L L V I M
L K O V L A E Z H D O L H L N F G L E Q N
E Q W N E S M L Z X N G G T N B A S A A X
V P O W E R F V E T G A B C R C T A K H D
E T R I H I O J W S G A X E U A F C U V M
Q A R Q Q X O F R D C D I N D A E R B S D
```

AMEN   GLORY
BREAD   HALLOWED
DAILY   HEAVEN
DEBTS   KINGDOM
DELIVER   LEAD
DONE   MATTHEW
EARTH   NAME
EVIL   POWER
FATHER   TEMPTATION
FOREVER   THINE
GIVE

PUZZLE 15: LIKE GOD

```
T J G N I T S A L R E V E D G K W S Q B G
H M G I I L P W G Q U D H B Z U C R X A G
L J D G W U G K H V L A E C M R L R N R J
G D F M U F L N S L M W H I R E Z G I B P
R D I S E I N L I K N U X G U D O G S U D
A Z Y D V C F U S R W O V C G Q H H V F H
C I X I P R P F L B U X M A R T E I R I C
I O C H B E J R B M O D G J E X K N U L G
O Q C D D M W E Q I G A N O U Y U M E M I
U N K E X A X D H P B B U E L M A A J B Y
S A C U W P Q N U L W S E Y O L N G Y T H
L X X R R K L O Y I A M S L O U T G D T J
E T J T P E G W R S L N O S B N A G N I K
F D S V C D L Q D Q H Y R G V M H L N U H
S A K N Y T H U I J F Z W E M D U U O U B
L Y I J G Z C C L D G R E A T W M H H V L
M R E T H G W M T N Z T R K D E L L U I E
P O P F H G L O R I F I E D X N Y R N X G
A Q M Z N F V O W J P W D E S S E L B P C
C G S Z O N U Q E G U F E R R F O Y O E Y
I N P Z V S P L B I U W Q M T R S E A H U
```

BLESSED
CLEAN
ENDURING
ETERNAL
EVERLASTING
FAITHFUL
GLORIFIED
GRACIOUS
GREAT
HOLY

HUMBLE
KING
LOVE
MERCIFUL
PRINCE
REFUGE
RIGHTEOUS
TRUE
WONDERFUL

PUZZLE 16: FIRSTS

```
F Z T P O R Q V D G V P I L F C Y Z V F S
S W K H A L E P H C A M U B C X T C V H X
R F I O R V F F W N E A S O S M W C C A U
P J E S U S R H B O S T G S L B Q O K K L
A X P M F U A K V Y U Q U A R I N H L E N
C U W H J C V N S Z F N M Y S E F C J B S
E W Q Q U O E X A Y L E I N H T O V H E F
J C P F O H N Z W O C W G D T O S H H R L
C S B U X U N N S H P C O N X Q I G T Z W
O A O K L D I L C P W A M H A A Q L J U G
V Y V P E T E R A U R B X U L P O T D H R
Y W O U Y D T U H V M U V E E R T L S A D
Y Y P R W X L C A V J H H T H L K U K E K
F S E L X P I O O E D C J D A L E T C L Q
V Q Q B D P G J N J A M E S D J G E C V D
K O S D K N J O X R L J O N K J D E H H V
E E C Q E U M S T S V H G X U N H C C A V
V V A Q L O I H R F U D E R F G Q V U M I
P S U D L Q G W G R S E R P E N T X H A S
L E R O F I S K I W L Q J H T E O E U A J
W T S K N M R I J Y N Q C P P H N I H N E
```

ENOCH	OTHNIEL
GREEN	PAUL
JAMES	PETER
JESUS	RACHEL
LAMECH	RAVEN
LEAH	REBEKAH
MACHPELAH	RUTH
NAAMAH	SAUL
NIGHT	SERPENT
NOAH	SOLOMON

PUZZLE 17: WHO'S WHO?

```
O W K M L Z M D W B E K Z F V O I O G M X
X X J W P E E Z D O T L W S U S B N A D T
D B S L H G M Q O E H J X E W Q J E J I R
A A I Q C Q J U G N A M E L D N A V U J Z
D H V O J A E G E X N T V G Y S A I K K E
B D G R M R T R O L S F N N L Z H H C E C
M W K E A U H S O J R W P C H Z H U U W H
F Q S D K R N J Q E K J M H C O I C P M A
S Y R K P S A K N Y G A E I A J S Q L Z R
I R Z E U I U E J S B H N D C I D E V V I
D F H B Q K H Z G R D A M I A W D I A D A
I E B P K E W I J B M G R M E V N A I X H
J B C A M T W A H E E G P D D X I I B D U
I Q B I D W K P H S R A T X G M H D F O A
V A A E G W Q T O O U I M U Z I X Y W C B
H H N V M X C Q X L C I A Q J N I X Q B W
A R I S A I A H H O V F T Q X A K G F A V
G M V D C C J G E M E H T L E I K E Z E F
K V K U R X X Y S O K W H U F A H K G T B
M A L A C H I U U N C U E Q A H R I O K M
W I M M U P K S E A C N W W H W G J C J L
```

DAVID	JOSHUA
ETHAN	LEMUEL
EZEKIEL	MALACHI
HABAKKUK	MATTHEW
HAGGAI	NAHUM
HEMAN	NEHEMIAH
HOSEA	OBADIAH
ISAIAH	SOLOMON
JAMES	ZECHARIAH

PUZZLE 18: OFFICES OF GOD

```
W X R Q P E E E M P P B G H H C F V X P R
W K B J T C A V R K R R G C A R V S S M X
I M M A N U E L K Z M B K K I V V U P Q K
R V Y I X M Z R E R E V I L E D O G G Y I
O E R Q B O N L J J Y T R O Q E Z H Z Q N
R P T F R C S R E F U G E S D P E B E W O
Q C L L M L D Q A X Y N Q E L O H I M J D
X K O P E M Q X M P H H K R O I V A S B A
P G Z U Y H F W Y Q H S O B Q W M M T C O
C J Q I N T S R E H T A F A B B A B A U L
H S G Y L S N K J I R B X N D C T Z G S P
E P W N N D E Z K S V M K J B J R E T W H
U Q I L F Z J L G I Q L Y G X W Q D Z E U
M R E T S A M J O G C V T D W Q X Z R G F
L M I O D K C V S R P X H G L A A I U O N
B N H R F F T H Y Q C C G Y U C J S L O M
D P R O V I D E R S Q N I S X Z P M Y K K
N D O R V M M G U K H K M W E G M L Q Y G
X Y M J Y T Y S M H M O L A H S E F G N U
T N O A W I E C D L C N A B L T R B I B H
O J U M P J K R B X I B R Y N E T K J N J
```

ABBA FATHER

ADONI

ALMIGHTY

COUNSELOR

DELIVERER

ELOHIM

ELYON

IMMANUEL

JEHOVAH

JESUS

JIREH

KING

MASTER

PRINCE

PROVIDER

RAPHA

REFUGE

SAVIOR

SHALOM

SHELTER

PUZZLE 19: HELP!

```
A Y S L E P R L S O P T A I D E R Q I N T
F D J U L E U E D I F Y U N Y Z B C Z U T
E G J F G Q R R I I A V Y R A G E Q B G T
L K B Y E F B Q A A K Y E Y R T O C K G D
L C E O I P Q G D A Q H E G P Z U P F G C
O L N J G S Q O B U H G G B A S T X Z X O
W O E E Z B E S I T T T I I T N S H U R W
S T I B K U T T Y T O B S V S I W W F X R
H H G F Y A I U W A P L I F E N T P R J M
I E H R I O X M R G G W Y V K V D D Y H Q
P W B N N R E W A R D A F Y K L X C K O E
G V O O V Z I H G E M H J J B J R U W F F
F O R B E A R Q G U A Q K M C E P D N B B
Q A L C O M P A S S I O N O M J N Q L K Y
O S Y Q P I S N H I P Y M E E R I V Y M P
M E E T S E K I Z R U F V N E T L A T F R
L S J C D C J A Z K O A W E F K X H C A R
O T B G V E A O N R H D K T N Q A D U Z M
B N O I Y A E B T R X P X C U N Y D X N I
I V U G S H F F Z F X Z H L K W T H J S F
R K K G I X O R A W S O Z O O B L E S S J
```

ABSTAIN	ESTEEM
AIDE	FEED
BE JOYFUL	FELLOWSHIP
BE NEIGHBORLY	FORBEAR
BLESS	GIVE
CLOTHE	HAVE MERCY
COMFORT	PRAY
COMPASSION	REWARD
EDIFY	THANK

PUZZLE 20: THE LORD IS MY . . .

```
W M R I N Z U V N R I S Q D N E I R F V A
W C E E E R J M B J F S H O T R U K P P R
A N L E N Z J G H U E B X I D J J C S M N
B C A U X T G N K D E U I Y E E Q O O Y V
L V E Q O B X I R G N C G J L L K R K A P
W X H G J J P K Z E X K Z M I Q D H E I R
C Y M S H E P H E R D L H O V Z Y I O W Q
O R W F K Q F O R E D E E M E R T U S O Z
Y H E I Y X B A F J A R U X R I U T H F J
Q U O W Y L L C I P Z G R K E E N E I S Y
E S H F O H N J D F A T H E R I T M S G A
Y K C I I T V G G V Q G R X H G M P M G P
U Y F E B G E N U B R P I E Y V N O B J I
F A V K C M O W R E Z L E W H I W P O H L
B A I S A S C T F Q U P K G M C E T M G R
D O C S J O H U B V W L W Q S U A Z M E L
Q I T H B T G D O R K F X C A E P E P G M
Q E O T F E I O G U E O S G G I C L T Z C
R T R H A O G X N E I A B I R W E S U I T
X L Y H Y O X C W F E L D C D H J F X B D
Y P R O V I D E R G F K E X A N E L N K U
```

BREAD	PROVIDER
BUCKLER	REDEEMER
DELIVERER	REFUGE
FATHER	ROCK
FRIEND	SHEPHERD
HEALER	SHIELD
HELPER	SONG
JUDGE	TEACHER
KING	TOWER
MASTER	VICTORY

PUZZLE 21: HOLY WOMEN

```
O H B Q B E F X U W N Y R J E Z E B E L N
X R A O V P Q T F O J Z H P R A E I H Z G
U E U L I D U H B V X P H M N S X L A X R
D H R P I P C Z A B Q B B T L E F H N O A
M T E D K L L B X V V V O W E H A A N M U
B S F P J I E J C N X A B I V B W H A C H
T E A O U H M D P K Z K B J G K A F H R A
Q K H H S S Y E T U A O U Q F D W Z P R R
C U G H K C E T L K E L N G K A O Y I I O
Y L T F U L V W K N P B I J M O S R Z L B
V A E Z W I F V M B V Z E J B L I M C B E
B N T I T T S L A R O V L O A A R H B A D
Y J F Q V F N W T U W E I U H B A T T E S
M J Z C J I G Z L I A G I B A P M I M U T
W M J F H K K X V H H J J R H P A D O Y R
O E F E G S E W I N R L M N A A D U R L U
H F V R A C H E L A M J I K H G N J J G H
X L J J K V J X O T K Z D S S Q A I Z J B
C K K K Q A X A H L A H I N O A M H D Q L
H A R A S Y L X V R O U L N S R E Y D P E
G K H U U R C H Q I B B I Q B E M A R Y L
```

ABIGAIL	HAGAR
AHINOAM	HANNAH
BATHSHEBA	JEZEBEL
BILHAH	JUDITH
DAMARIS	LEAH
DEBORAH	MARY
DELILAH	PHOEBE
DINAH	RACHEL
DORCAS	RUTH
ELIZABETH	SARAH
ESTHER	

PUZZLE 22: ADAM AND EVE

```
R W A J N N T V Q N X G H G G V Z V I O G
K B N S Q Q S K I I Z B S B U Y G A U K R
P A Q W W F C K H A R F E Q N L K G O I Z
V Y E B O S I D K C C G R J F R D E D P E
H R L X X J L B Y N U W P T W B C A B F U
E A T C H E R U B I M U E A D N U A S Y B
A A I H L Q R C L N K I N J T H R O R H O
I O U J F D L E N I T M T F N V S D E G H
Z R R O N A D P O T R Y I H R N E Z V V B
L N F I Y A B H H V B L B C D R D B I R E
V N O H S I P C I B N K D P O V R Y R N C
B M B R C X B A G X Z E X U T U T O P P D
S A P S E U P H R A T E S Q R I Q F B W C
E E L G X E X F K I G Z U R M D M W E P P
R T E A R J Q B A F L Y P N B K H Y J A Z
C S N R L J J J P R F G E D Z F H T Y H F
A A H W T V I L E K E D D I H O J I X W A
V E J R A M A D A N A T U R A L B R J U P
B C L X V B E I C T D R F M G L X U F B Q
U U M J J G E U D H A E T J V L T P L M I
F O R O R L H L N Z L P S W U V I C M N W
```

ABEL

ADAM

BEGUILED

CAIN

CHERUBIM

CLAY

CURSED

DISOBEY

EAST

ENMITY

EUPHRATES

EVE

FRUIT

GIHON

HIDDEKEL

NATURAL

PISHON

PURITY

RIVERS

SERPENT

TREES

PUZZLE 23: DISASTERS

```
Y B D V A M F W K Q I S D W U E S O C J T
C L B D O O L F V Y G A T L X T C R O G O
A A H X R G W C R Z R I W E V C R I Z N A
P I H T T B G Q S K F A D W U K C F M B H
T N Y C P S X E N E W F P Y R R L K V T Q
I S Y Z I J R E M G B O N P D S E P K T M
V R B E S P S E A R T H Q U A K E P S P P
I Y G X E S R D Y C Z V E L P S W T B T P
T E R N M O M N H D C V K C R T R M O G J
Y D T L D O H M W I X H C E Y H K O V V E
H S E S H Y U J W S I T E R T U B A M J T
G C N A H H X R W A M I R S G N Z S H U X
E R P Q T O R N N S D L W J B D H P F S T
T G R L D H N W Z T G Z P S X E J H S F S
Z U O A A P C A B E I C I H T R U X H N O
G R W D U F W G C R E I H R B E A S T V R
G V N H A Q G X A S D R S X O Q N R S E E
Q N E M I L O A E H O G H S V G I N R R S
Q S I R P V O H H N Q C Q Y C S L I O B N
B N M M E G F W F Y I J W A X D F I W P S
E O Y G J V F U T B I G A B H P G U Z P R
```

BEAST

BLAINS

BOILS

CAPTIVITY

DARKNESS

DEATH

DISASTERS

EARTHQUAKE

EMERODS

FAMINE

FIRE

FLOOD

MICE

SERPENTS

SHIPWRECK

SIEGE

SORES

THUNDER

TUMORS

ULCERS

PUZZLE 24: HIS BIRTH

```
Q L T P K Q D T M Z V D J O T A H I K H Z
S D O R K C S L B G K W S O G Z U Y G B H
N X G M R A O P E I H T W T J H P O D X X
S P A O V O I L E Y R T C A D V X G H Q R
D R G I X H I Z F A Q T C R R I R P I U D
Y F O P S Q N C T E Q F H O G N F R K R J
Y R I R I E I P M T V B Y W Q R E G N A M
L J O S L T G O T S W T Y O M U V D O Z Q
C W V E W S R F H L N H S N Y U V D Q L R
F D G X B W I K G A S E I L G E V A F E D
R R P R O A V W I Y Y I B V P V F X J Z K
A E E C Y L B H N S B M M D Z U H O K Y E
N A H W D S K T R G M O J P Y T I A F N H
K M W C I K D E V G Y M V M M C M R L E C
I R G Y U W D R C D Q K C X E K D Y W T E
N F M O K P K A E H L N N D V Q X M R U K
C L M C P S V Z K H S E H K B M M E W R F
E B Q B O P V A U D P D E H T O R T E B H
N G W Q S K T N S U S E J J O S E P H I I
S I S S Q K R S R D W O H I J S T F I G X
E R I G N B W X E L Q F B S U Y A X L B E
```

BABE	MARY
BETROTHED	MYRRH
BIRTH	NAZARETH
DREAM	NIGHT
FLOCK	REJOICED
FRANKINCENSE	SAVIOR
GIFTS	SHEPHERDS
GOLD	VIRGIN
JESUS	WARNED
JOSEPH	WORSHIP
MANGER	

PUZZLE 25: MOSES

```
G Z G S B E J V A H W H M M I Y I J G T E
K P O Z L A A Y N B J E R W A W A R M S A
U H M Z S Z L Z G I I L R D E B E H C O J
M R C O W D S I S T E R A B K N Y I J H R
L A U T N A E S R W P N V S E S Z D L B S
Z D M N E T G E S S U Y Z M G H N D N D O
S G L B B F H E R X F D J T O E V E I B E
R W K H I N B S S A G D X U H I S N E J P
V W F U T E R A N V G D S I N T Z R U T T
J L I R U T E K S D B E A V T C B E U G G
J U D V M Y U P B J N Y P O V U P G W N B
Q B I Z E L J J F W G G J E P D I K O L I
A K A P N D D E B D F O D V W G D I P H R
R K M B G O C E O L T Q Q I J U E Y S P G
B A T H E G H S N H N L G Q J P V B S S B
W O P A P K H H D D F M Q I D E Y A L A F
H T E K S A B R R O L I U Y W W A B V F B
N U I A Z Z E O J O O U L R F O U Z A E O
T E H F N V Z I P G L V Z B R Y Y T V L T
M H R M I K T T W W M B U L R U S H E S Q
H O A R A H P Y J X Y R L T W S I P N P L
```

BABY	JOCHEBED
BASKET	MAID
BATHE	MONTHS
BITUMEN	NURSE
BULRUSHES	PHARAOH
FETCH	REEDS
GODLY	RIVER
GOOD	SISTER
HEBREW	STAFF
HIDDEN	WAGES
HOUSE	

WORD SEARCH SOLUTIONS

PUZZLE 1: Names of God

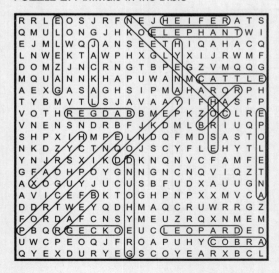

PUZZLE 2: Animals in the Bible

PUZZLE 3: Noah's Journey

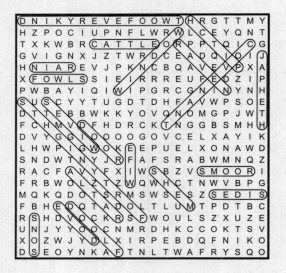

PUZZLE 4: The Cross

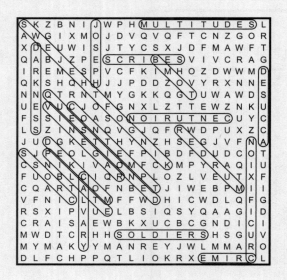

PUZZLE 5: Sins

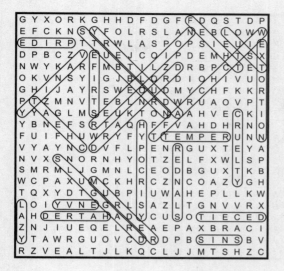

PUZZLE 6: The Prodigal One

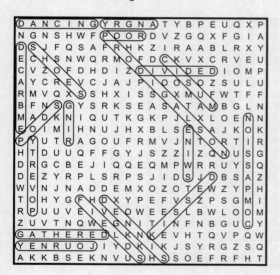

PUZZLE 7: Cities in the Bible

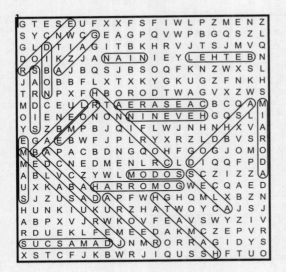

PUZZLE 8: Jonah and the Fish

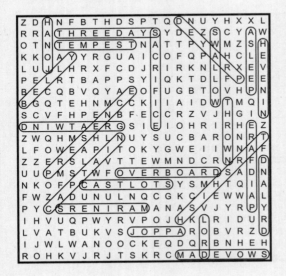

PUZZLE 9: More Names for Christ

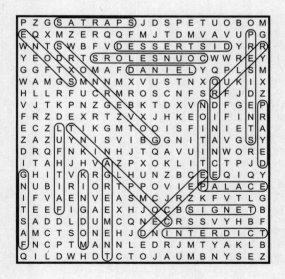

T U F I Y U R Q F L N E C C D H L W H D E
J S H E P H E R D D F H P B R N C K Q R
K Q C Z J D D L R I K N Q W E M A M O A O
P X Z S C P E D L C E X V E H A M D R O H
W H F W Y D A F Z L C S E W S D X Q E I T
M G G D H U O H U B W L Z Z I A X O D M U
O A N Q O D T H P M C F L X N D V Z I C A
R Z F I A H S F C L A S W F I N J Q I C B
N C E E R I X L S I A T A Z F O Z D H W J
I R R L A P N A T B B F D J N C V Y R Q Z
N B E P Q U S H Q E J V R Q E U D Q F N
G E H R V X F Y U L L R O L E S N U O C G
S D Y D E U W I A M Y B C C W P H S L Y Q
T P D E L V F K S D T G A I C U O W I X Y
A R R V I S I C M S I Y T T K K M P I A J
R H V O Y O O L R I P N E I F N E R V A E
G X W L Q P S I E T J D H X D N G R A Q O
Y T I E D A F W U D Z Q R E D N A M M O C
J Z T B Z T P P O D P A Y F Z G W Q J T X
G Y S P Z X Z O W D V Y D T M E V P P G P
S O W U L M R L Q O W R Z X O E G K J A L

PUZZLE 10: In Agreement

P Z G S A T R A P S J D S P E T U O B O M
E Q X M Z E R Q Q F M J T D M V A V U P G
W N T S W B F V D E S S E R T S I D Y R R
Y E O D R T S R O L E S N U O C W W R E Y
G G F T X O M A F D A N I E L Y Q P L S M
W A M G S M N N M X V U S T N X Q U K I X
H L L R F U C R M R O S C N F S R F J D J
V J T K P N Z G E B K T D X V N D F G E P
F R Z D E X R T Z V X J H K E O I F I N R
E C Z L T I K G M T O O I S F I N I E T A
Z A Z U Y N I S V I B G G N I T A V G S Y
D R Q F N K I N H J T Q A V U I N W O R E
I T A H J H V A Z P X O K L I T C T P J D
G H I T V K R G L H U N Z B C E E Q I Q Y
N U B I R I O R T P P O V I E P A L A C E
I F V A E N V E A S M C J R Z K F V T L G
T E E F I G A E X H J O C B S I G N E T B
S A D D L D U M C Q N E C R S S V Y H B F
A M C T S O N E H J D N I N T E R D I C T
F N C P T M A N N L E D R J M T Y A K L B
Q I L D W H D T C T O J A U M B N Y S E Z

PUZZLE 11: Holy Men

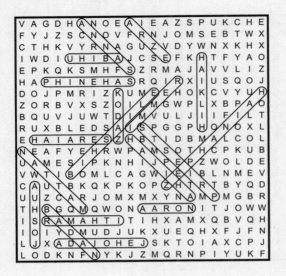

```
V A G D H A N O E A I E A Z S P U K C H E
F Y J Z S C N O V F R N J O M S E B T W X
C T H K V Y R N A G U Z V D Y W N X K H X
I W D I U H I B A J C S E F K H T F Y A O
E P K Q K S M H F S Z R M A J A V V L I Z
H A P H I N E H A S R Q I R X I U S Q O J
D O J P M R I Z K U M E E H O K C V Y U H
Z O R B V X S Z O I L M G W P L X B P A O
B Q U V J U W T D I M V U L J I I F I L T
R U X B L E D S A I S P G G P H O N O X L
E H A I A R E S Z H B T I D B M A L C O L
N E A F Y E H R W P A M S O T H C P K U B
U A M E S I P K N H I J P E P Z W O L D E
V W T I B O M L C A G W I E I B L N M E V
C A U T B K Q K P K O P Z H R T B Y Q D
U U Z C A R J O M X M X Y N A M P M G B R
T H B G O M Q W O N A A R O N I T J O W W
I I S R A M A H T I T I H X A M X Q B V Q H
I O I Y D M U D J U K X U E Q H X F J F N
L U J X A D A I O H E J S K T O I A X C P J
L O D K N F N Y K J Z M Q R N P I Y U K F
```

PUZZLE 12: The Burning Bush

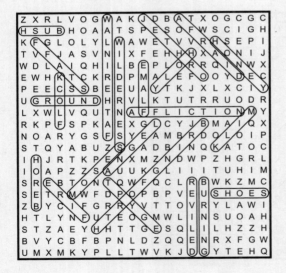

```
Z X R L V O G M A K J D B A T X O G C G C
H S U B H O A A T S P E S O F W S C I G H
K F G L O L Y L W A W E T V V R H S E P I
T V F J A S V N I X F E H H H X A O N I J
W D L A I Q H I L B E P L O R R Q I N W X
E W H K T C K R D P M A L E F O O Y D E C
P E E C S S B E E U A Y T K J X L X C I Y
U G R O U N D H R V L K T U T R R U O D R
L X W L V Q U T N A F F L I C T I O N M Y
R K P F S P K A E X G L C Y J B M A I Q X
N O A R Y G S F S Y E A M B R D O L O I P
S T Q Y A B U Z S G A D B I N Q K A T O C
I H J R T K P E N X M Z N D W P Z H G R L
I O A P Z Z S A U U K G L I I I T U H I M
S R E B T O N T Q W F Q C L R B W K Z M C
S E T R M W F D P O P B P V E U S H O E S
Z B Y C I F G R R Y V T T O V R Y L A W I
H T L Y N F U T E O G M W L I N S U O A H
S T Z A E Y H H T T G E S Q L I L H Z Z H
B V Y C B F B P N L D Z Q Q E N R X F G W
U M X M K Y P L L T W V K J D G Y T E H Q
```

PUZZLE 13: In the Church

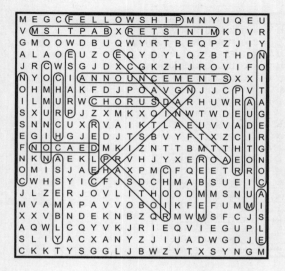

PUZZLE 14: The Lord's Prayer

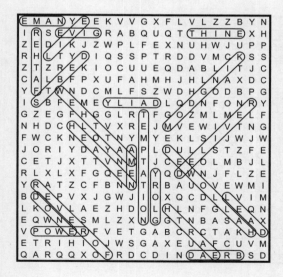

PUZZLE 15: Like God

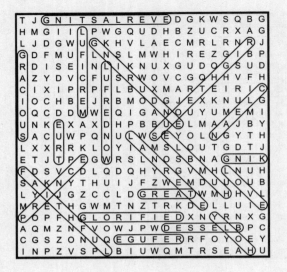

PUZZLE 16: Firsts

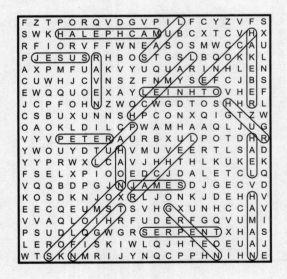

PUZZLE 17: Who's Who?

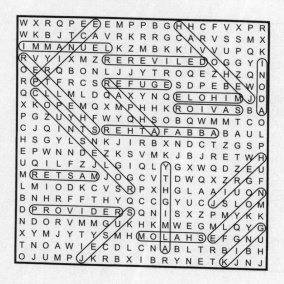

```
O W K M L Z M D W B E K Z F V O I O G M X
X X J W P E E Z D O T L W S U S B N A D T
D B S L H G M Q O E H J X E W Q J E J I R
A A I Q C O J U G N A M E L D N A V U J Z
D H V O J A E G E X N T V G Y S A I K K E
B D G R M R T R O L S F N N L Z H H C E C
M W K E A U H S O J R W P C H Z H U U W H
F Q S D K R N J Q E K J M H C O I C P M A
S Y R K P S A K N Y G A E I A J S Q L Z R
I R Z E U I U E J S B H N D C I D E V V I
D F H B Q K H Z G R A M I A W D I A D A A
I E B P K E W I J B M G R M E V N A I X H
J B C A M T W A H E E G P D D X I I B D U
I Q B I D W K P H S R A T X G M H D F O A
V A A E G W Q O O U I M U Z I X Y W C B
H H N V M X C Q X L C I A Q J N I X Q B W
A R I S A I A H H O V F T Q X A K G F A
G M V D C C J G E M E H T L E I K E Z E F
K V K U R X X Y S O K W H U F A H K G T B
M A L A C H I U U N C U E Q A H R I O K M
W I M M U P K S E A C N W W H W G J C J L
```

PUZZLE 18: Offices of God

```
W X R Q P E E E M P P B G H H C F V X P R
W K B J T C A V R K R R G C A R V S S M X
I M M A N U E L K Z M B K K I V U P Q K
R V Y I X M Z R E R E V I L E D O G G Y I
O E R Q B O N L J J Y T R O Q E Z H Z Q N
R P T F R C S R E F U G E S D P E B E W O
Q C L L M L D Q A X Y N Q E L O H I M J D
X K O P E M Q X M P H H K R O I V A S B A
P G Z U Y H F W Y Q H S O B Q W M M T C O
C J Q I N T S R E H T A F A B B A B A U L
H S G Y L S N K J I R B X N D C T Z G S P
E P W N N D E Z K S V M K J B J R E T W H
U Q I L F Z J L G I Q L Y G X W Q D Z E U
M R E T S A M J O G C V T D W Q X Z R G F
L M I O D K C V S R P X H G L A A I U O N
B N H R F F T H Q C C G Y U C J S L O M
D P R O V I D E R S Q N I S X Z P M Y K K
N D O R V M M G U K H K M W E G M L Q Y G
X Y M J Y T Y S M H M O L A H S E F G N U
T N O A W I E C D L C N A B L T R B I B H
O J U M P J K R B X I B R Y N E T K J N J
```

Word Search 169

PUZZLE 19: Help!

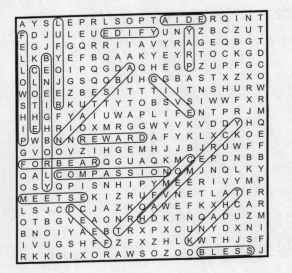

PUZZLE 20: The Lord Is My . . .

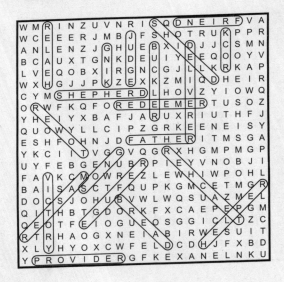

PUZZLE 21: Holy Women

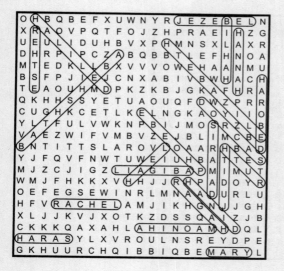

```
O H B Q B E F X U W N Y R J E Z E B E L N
X R A Q V P Q T F O J Z H P R A E I H Z G
U E U L I D U H B V X P H M N S X L A X R
D H R P I P C Z A B Q B B T L E F H N O A
M T E D K L L B X V V V O W E H A A M U
B S F P J I E J C N X A B I V B W H A C H
T E A O U H M D P K Z K B J G K A F H R A
Q K H H S S Y E T U A O U Q F D W Z P R R
C U G H K C E T L K E L N G K A O Y I O
Y L T F U L V W K N P B I J M O S R Z L B
V A E Z W I F V M B V Z E J B L I M C B E
B N T I T T S L A R O V L O A A R H B A D
Y J F Q V F N W T U W E I U H B A T T E S
M J Z C J I G Z L I A G I B A P M I M U T
W M J F H K K X V H J J R H P A D O Y R
O E F E G S E W I N R L M N A D U R L U
H F V R A C H E L A M J I K H G N J J G H
X L J J K V J X O T K Z D S S Q A I Z J B
C K K K Q A X A H L A H I N O A M H D Q L
H A R A S Y L X V R O U L N S R E Y D P E
G K H U U R C H Q I B B I Q B E M A R Y L
```

PUZZLE 22: Adam and Eve

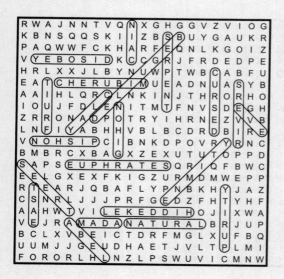

```
R W A J N N T V Q N X G H G G V Z V I O G
K B N S Q Q S K I I Z B S B U Y G A U K R
P A Q W W F C K H A R F E Q N L K G O I Z
V Y E B O S I D K C C G R J F R D E D P E
H R L X X J L B Y N U W P T W B C A B F U
E A T C H E R U B I M U E A D N U A S Y B
A A I H L Q R C L N K I N J T H R O R H O
I O U J F D L E N I T M T F N V S D E G H
Z R R O N A D P O T R Y I H R N E Z V V B
L N F I Y A B H H V B L B C D R D B I R E
V N O H S I P C I B N K D P O V R Y N O P
B M B R C X B A G X Z E X U T U T O P P D
S A P S E U P H R A T E S Q R I Q F B W C
E E L G X E X F K I G Z U R M D M W E P P
R T E A R J Q B A F L Y P N B K H Y J A Z
C S N R L J J J P R F G E D Z F H T Y H F
A A H W T V I L E K E D D I H O J I X W A
V E J R A M A D A N A T U R A L B R J U P
B C L X V B E I C T D R F M G L X U F B Q
U U M J J G E U D H A E T J V L T P L M I
F O R O R L H L N Z L P S W U V I C M N W
```

Word Search   171

PUZZLE 23: Disasters

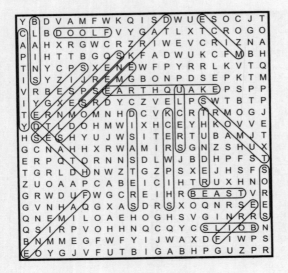

PUZZLE 24: His Birth

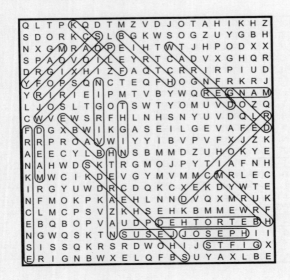

PUZZLE 25: Moses

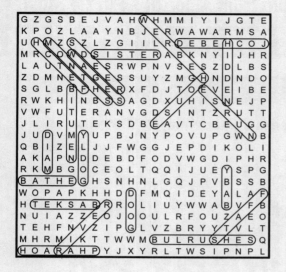

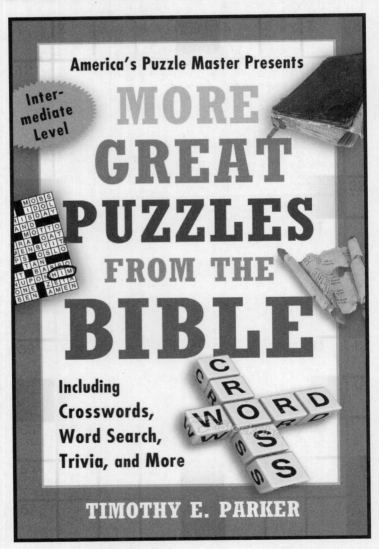